权威·前沿·原创

皮书系列为
"十二五""十三五"国家重点图书出版规划项目

滨海金融蓝皮书

BLUE BOOK OF
FINANCE IN BINHAI

滨海新区金融发展报告
（2018）

ANNUAL REPORT ON THE DEVELOPMENT OF FINANCE IN
BINHAI NEW AREA (2018)

中国滨海金融协同创新中心

主 编／李向前 郭 强

社会科学文献出版社
SOCIAL SCIENCES ACADEMIC PRESS (CHINA)

图书在版编目（CIP）数据

滨海新区金融发展报告. 2018／李向前，郭强主编
. -- 北京：社会科学文献出版社，2018.12
（滨海金融蓝皮书）
ISBN 978 - 7 - 5201 - 3847 - 5

Ⅰ.①滨…　Ⅱ.①李…②郭…　Ⅲ.①地方金融事业
-经济发展-研究报告-滨海新区-2018　Ⅳ.
①F832.721.3

中国版本图书馆 CIP 数据核字（2018）第 257202 号

滨海金融蓝皮书
滨海新区金融发展报告（2018）

主　编／李向前　郭　强

出 版 人／谢寿光
项目统筹／恽　薇　陈　欣
责任编辑／陈　欣　王蓓遥

出　　　版／社会科学文献出版社·经济与管理分社（010）59367226
地址：北京市北三环中路甲29号院华龙大厦　邮编：100029
网址：www.ssap.com.cn
发　　　行／市场营销中心（010）59367081　59367083
印　　　装／三河市龙林印务有限公司

规　　　格／开　本：787mm×1092mm　1/16
印　张：12.75　字　数：166千字
版　　　次／2018年12月第1版　2018年12月第1次印刷
书　　　号／ISBN 978 - 7 - 5201 - 3847 - 5
定　　　价／89.00元

皮书序列号／PSN B - 2014 - 424 - 1/1

《滨海新区金融发展报告（2018）》
学术指导委员会

主编简介

李向前　（1972~），经济学博士，教授，博士生导师。现任天津财经大学学科建设办公室副主任、中国滨海金融协同创新中心副主任。主要研究领域为金融监管、金融创新、货币政策。近年来主持完成省部级项目3项，在《金融研究》《经济学动态》《国际金融研究》《财贸经济》等发表论文10余篇。

郭　强　（1984~），经济学博士，天津财经大学金融学院讲师，主要研究领域为货币政策、世界经济等。近年来在《经济学动态》《国际经济评论》《金融评论》《南开经济研究》等期刊发表论文20篇，主持完成天津市社科项目1项，主持在研国家社科青年项目1项。

摘　要

《滨海新区金融发展报告（2018）》是中国滨海金融协同创新中心组织编写的系列年度报告的第六期。本报告旨在概括和分析 2017 年滨海新区金融创新的主要情况，研讨和评论重要金融事件，展望 2018 年滨海金融发展前景。报告由总报告、分报告和专题报告三个部分组成。总报告是《2017 年天津市滨海新区经济金融形势分析》。分报告从金融创新的角度分析滨海金融 2017 年取得的重大成果，包括《滨海新区金融产品创新》《滨海新区金融机构创新》《滨海新区金融市场创新》三个报告。专题报告主要围绕滨海金融创新开展前瞻性研究，包括《天津发展天使投资研究》、《中国（上海）自由贸易试验区建设经验的时代思考》与《中国特色自由贸易港的实践研究：基于功能、金融融资、自由账户和国际技术贸易角度》等三个报告。

本报告可供相关研究领域的学者、业界人士和政策部门参考，也有助于国际学术界了解滨海新区金融发展和创新的最新动态。

关键词： 金融创新　金融改革　自贸区

Abstract

Binhai Financial Development Report 2018 is the 6th issue of a series of annual reports compiled by Coordinated Innovation Center for Binhai Finance in China. The Report aims to summarize and analyze the financial innovation in Binhai New Area in 2017, to discuss and comment on important financial events, and to look into the prospects of Binhai financial development in 2018. The report is composed of three parts: The general reports, the sub reports and the special reports: The general report is "Binhai Economic and Financial Situation Analysis in 2017". The sub reports analysis major achievements made in 2017 from the perspective of financial innovation, including "Binhai Financial Product Innovation", "Binhai Financial Institution Innovation" and "Binhai Financial Market Innovation". The special reports are prospective researches focus on Binhai finance innovation to carry out, mainly including "Research on Angel Investment in Tianjin", "Reflections on the Experience of China (Shanghai) Free Trade Pilot Area" and "Practice of Free Trade Port with Chinese Characteristics: Based on Function, Financial Finance, Free Account and International Technology and Trade Perspective" three reports.

This report can be used as a reference for scholars, professionals and policy departments in relevant research fields, and also helps the international academic community to understand the latest developments in Binhai financial development and innovation.

Keywords: Financial Innovation; Financial Reform; Free Trade Zone

目　录

Ⅳ 附录

皮书数据库阅读**使用指南**

CONTENTS

I General Report

II Sub-Reports

III Special Reports

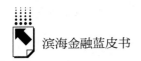
IV Appendix

总 报 告

General Report

B.1
2017年天津市滨海新区
经济金融形势分析

陈志强 夏江山*

摘 要： 滨海新区经济结构进一步优化，供给侧结构性改革已见成效，新兴业态加速聚集，科技创新态势良好。金融创新持续深化，金融手段不断丰富。金融风险防控有力，金融安全稳健运行。自贸区金融改革有序开展，各项创新政策落地成效显著，有力地支持了天津外向型经济发展。

关键词： 经济结构 金融创新 自贸区

---

* 陈志强，中国人民银行天津分行营业管理部主任；夏江山，中国人民银行天津分行营业管理部处长。

2017 年，天津市滨海新区（以下简称滨海新区）经济金融形势深度调整，新老矛盾问题交织，挑战与机遇并存。实体经济面临结构调整"阵痛"、新动能替换旧动能尚未形成重要推力。金融业加速回归本源，转型摸索已露端倪，有望在新的一年显现成效。

一　经济运行情况

2017 年，滨海新区经济总量呈现大幅下滑态势，但是，滨海新区经济发展的势头依旧强劲，经济结构进一步优化，工业制造业的支撑性作用仍在，供给侧结构性改革已见成效，新兴业态加速聚集，科技创新态势良好。

（一）经济结构进一步优化

2017 年，滨海新区生产总值核算由注册口径调整为在地口径，区内注册、区外经营的企业增加值不再计入地区生产总值。2017 年，经初步核算，地区生产总值增长 6.0%。其中，第一产业下降 0.3%，第二产业增长 1.7%，第三产业增长 11.5%。如图 1 所示，

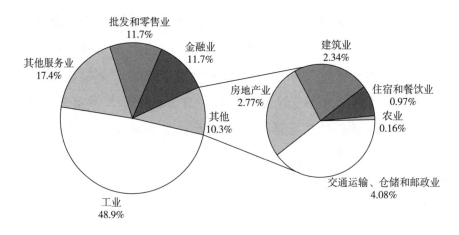

图 1　2017 年滨海新区生产总值构成

资料来源：天津市滨海新区统计局。

三次产业生产总值之比为 0.2∶51.2∶48.6。第三产业增加值比重同比提高 2.7 个百分点，经济结构得到进一步优化。

（二）一般公共预算支出结构优化

2017 年区级一般性的公共预算部分收入达到 528.97 亿元。其中，税收收入 398.90 亿元，增长 14.4%。从主要税种看，增值税 126.37 亿元，增长 23.5%；个人所得税 26.28 亿元，增长 31.6%；企业所得税 97.70 亿元，增长 8.9%。

区级一般公共预算支出 746.69 亿元。其中，节能保护支出 19.37 亿元，增长 35.0%；社会保障和就业支出 22.28 亿元，增长 24.2%；一般公共服务支出 49.71 亿元，增长 10.9%；科学技术支出 51.76 亿元，增长 4.4%；教育支出 67.39 亿元。

（三）新经济增长点的拉动作用开始显现

1. 工业仍是新区重要的经济支撑

虽然经济增长乏力，但滨海新区工业增长势头较好。1~12 月，规模以上工业总产值较 2017 年增长约 8%，较 2016 年提高 6.6%。十一大优势产业占规模以上产值比重达 88%，石油化工、新材料、生物医药、冶金产业分别增长 26.3%、19.7%、15.6% 和 13.1%。

2. 新动能起步加快

滨海新区"创新驱动"战略效果显著，一批重大科技创新平台或科技企业"孵化器"发展提速。截至 2017 年末，市级以上研发机构 464 家，众创空间、国家级孵化器 73 家，军民融合创新研究院、中科智能识别产业技术研究院、天津海泰企业孵化服务公司等发展迅速。此外，一大批高新技术企业不断发展壮大，截至 2017 年 9 月末，滨海新区科技型中小企业 2.93 万家，主营业务过亿元的科技企业 1488 家，全年新增科技型企业、科技小巨人企业、高新技术企业近

5000 家，膜天膜、飞旋科技等企业技术实力处于全国领先水平。

3. 智能制造引领工业4.0

泰达智能产业区、智能无人装备产业园功能不断完善，深之蓝海洋设备、一飞智控科技等"互联网＋制造业"深度融合的高端智能制造企业加速聚集。在大数据和互联网方面，从链条式向集群式迈进，腾讯数据中心、国家超级计算中心、南大通用数据技术等龙头企业落户，58 集团、瓜子二手车、滴滴出行等互联网企业聚集。战略性新兴产业进一步集聚。2017 年，航空航天、新一代信息技术、生物医药等战略性新兴产业比重达 29.6％，比 2016 年提高 2.5 个百分点。①

（四）"三去一降一补"持续推进，供给侧结构性改革效果显现

"去产能"方面，滨海新区加快化解过剩产能，推进钢铁、煤炭行业出清，全年清退区属国企空壳、低效企业 254 户。"去库存"方面，加大住宅供地计划，盘活空置资源，全年盘活空置楼宇 137 万平方米。"去杠杆"方面，加强政府性债务管理，鼓励企业上市和 PPP 项目，工业企业资产负债率逐月下降。"降成本"方面，免征水土保持设施补偿费，取消房屋转让手续费等收费项目，全年规模以上工业企业每百元主营业务收入的成本比上年下降 1 元。"补短板"方面，民营企业、基础设施建设、创新创业不断发展。

（五）"一带一路"建设、京津冀协同发展、自贸区建设有序推进，试验示范效应明显

在"一带一路"建设方面，滨海新区企业的参与度不断提高，

---

① 资料来源：和讯网。

博迈科、中亚锐思、中交一航局等企业参与沿线工程项目效果显著。在京津冀合作上，滨海中关村科技园等平台全年引进北京项目657个，协议投资1192.8亿元，与唐山、沧州合作的滨唐、滨沧产业示范区建设加速推进。自贸区建设方面，168项制度创新举措落地，新增市场主体1.4万户，"金改30条"中80%的政策措施顺利落地，23项措施成效显著，7项政策在全国复制推广，融资租赁资产余额约9000亿元，约占全国的1/4。

二　金融运行情况

2017年，全年存款增速出现波动，存款增量缓中有增。部分银行积极从体制、机制创新入手，提高金融服务的针对性、有效性，金融创新持续深化，金融手段不断丰富。金融风险防控有力，金融安全稳健运行。

（一）滨海新区存款缓慢增长，企业存款拉动作用减弱

1.总体看，全年存款增速出现波动，存款增量缓中有增

截至2017年末，滨海新区金融机构本外币各项存款余额5858.1亿元，较年初新增293.2亿元，较上年同期多增25.9亿元，同比增长4.4%，增速较上年同期提高0.3个百分点，较全国低3.5个百分点，较天津市高2.5个百分点。

2.分部门看，企业存款拉动作用减弱

2017年，滨海新区金融机构住户存款、企业存款、境外存款分别较年初增加106.1亿元、108.2亿元、127.8亿元，财政存款和非银行业金融机构存款出现回落，分别较年初回落44.4亿元、4.44亿元。各类存款的变化特点如下。

一是住户存款从大型银行向中小型银行转移的趋势明显，且以结

构性存款为主。2017 年，滨海新区金融机构住户存款余额达到 1620.0 亿元，较前期增长 7.0%，全年新增 106.1 亿元，较上年同期多增 52.5 亿元。从机构分布看，仅天津滨海农村商业银行、浦发银行、锦州银行的新增个人存款合计就达 100.6 亿元，同比多增 81.6 亿元，占滨海新区全部新增个人存款的 94.8%；而同期四大国有控股商业银行仅新增个人存款 8.4 亿元，同比下降 43 亿元。从存款类型看，2017 年新增本外币个人结构性存款 97.6 亿元，占新增个人存款的 92%。以滨海农村商业银行为例，该行加强主动负债管理，全年新增保本理财 73.6 亿元。

二是企业存款对新增存款贡献度下降，实体企业沉淀资金较少。从金融机构主体看，新增单位存款集中在地方法人当中，而全国性银行的单位存款出现下降。截至 2017 年末，新区地方法人金融机构新增单位存款 90 亿元，占新区金融机构新增单位存款的 137%，同期全国性中资银行的单位存款较年初减少 19.6 亿元。从存款产品类型看，2017 年企业人民币协定存款、活期存款、定期存款、结构性存款余额分别新增 60.6 亿元、49.9 亿元、44.2 亿元、21.6 亿元；而企业保证金和通知存款余额则分别下降 38 亿元、8.5 亿元。从存款来源看，非金融企业存款新增 108.2 亿元，机关团体存款下降 42.5 亿元。新增企业存款对新增存款贡献度仅为 36.9%，而上年同期为 95.6%，企业存款对存款的拉动作用减弱。新增存款主要来源于基金公司的沉淀资金、财政资金、跨国公司内保外贷的短期存单等，实体企业的沉淀资金较少。

三是境外存款随着跨境业务开展呈大幅增长趋势。随着自贸区政策的不断落地，部分金融机构跨境业务种类日益丰富，规模显著扩大。截至 2017 年末，滨海新区境外存款 155.2 亿元，较年初新增 127.8 亿元。增长来源主要是租赁类企业和粮油贸易类企业为开展跨境业务存放的外汇保证金存款和外汇活期存款。

四是财政存款受地方财力下降影响，财政性存款持续下降。截至2017年末，财政性存款的余额达到14.4亿元，与2017年早期相比降了1.9亿元。

五是非银行金融机构存款在强监管背景下余额有所下降。截至2017年末，非银行金融机构存款余额81.5亿元，较年初回落4.44亿元。

（二）信贷结构继续优化，供给侧结构性改革不断深化

1. 总体看，受宏观经济金融环境变化等因素影响，银行业金融机构贷款增势趋缓

截至2017年末，滨海新区金融机构本外币各项贷款余额1.1万亿元，较年初新增1123.1亿元，同比增长11.7%，高于全市1.7个百分点。

2. 从产业投向看，信贷重点支持第三产业，服务区域产业结构升级作用明显

2017年，滨海新区第三产业新增贷款859.7亿元，在人民币新增各项贷款中占比75.3%，同比增长16.4%，较第一产业、第二产业分别高34.3个、11.9个百分点。

3. 从行业投向看，信贷重点支持区域优势产业发展，补齐基础设施"短板"

2017年，滨海新区金融机构投向租赁和商务服务业、金融业等优势产业的新增贷款达510亿元，占人民币新增各项贷款的44.7%。投向交通运输、公共设施、水电热燃等基础设施产业的新增贷款达438.1亿元，占人民币新增各项贷款的38.4%。

4. 从贷款期限看，短期贷款增速快于中长期

截至2017年末，短期、中长期贷款余额分别为2080.4亿元、4218.4亿元，同比分别增长10.5%、9.8%。全年非金融企业及机关

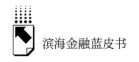

团体短期贷款新增 187.1 亿元，较上年多增 147.1 亿元，而中长期贷款新增 58.9 亿元，较上年少增 185.2 亿元。调查显示，地方政府融资平台中长期贷款正被压缩，一些到期的基建设施贷款结清后不再续贷，造成中长期贷款增速回落。部分国企、融资租赁公司的流动性需求有所增加，提高了短期贷款的增量。

5. 从投放领域看，对涉农和小微企业发展中的"补短板"作用明显，并积极助力房地产"去库存"

农业方面，截至 2017 年末，滨海新区涉农贷款余额 266.5 亿元，同比下降 4.1%，较上年降幅缩小 8 个百分点。小微企业方面，截至 2017 年末，小微企业贷款余额 2787.8 亿元，同比增长 21.4%，在各项企业贷款余额中所占比例为 30.2%，与上年同时段相比提高了 2.5 个百分点。房地产方面，截至 2017 年末，滨海新区房地产开发贷款余额 194 亿元，与年初基本持平，其中地产开发贷款保持自 2016 年 8 月以来的平稳态势，房产开发贷款月均余额较上年下降 17.4%，而保障性住房开发贷款同比增长 44.4%，占住房开发贷款的比重提高了 4.1 个百分点，至 24.8%。

6. 从贷款投放主体看，信贷投放集中度较高，金融租赁公司举足轻重

滨海新区全年贷款增量超过 40 亿元的金融机构有 13 家，合计贷款增量 1076.7 亿元，达到新区本外币贷款增加量的 95.9%，其中 7 家金融租赁公司贷款的增加量所占比例达到 54.8%。

（三）金融创新持续深化，金融手段不断丰富

部分银行积极从体制、机制创新入手，提高金融服务的针对性、有效性。浦发银行通过搭建"免担保免抵押科技小额贷款平台""专利权质押融资平台"，开发投贷联动 1.0～4.0 版产品，解决了科技型企业抵押、担保能力弱的难题，成功发放"含权贷"。天津滨海农村

商业银行通过设立内部评级团队，提高了对中小微企业的评级效率。中国银行、浙商银行、金城银行分别推出"信贷工厂""资产池""医保通"等产品。部分银行从看企业报表转向"查三表"（电表、水表、气表），突破了中小微企业融资信息不对称、财务不健全等现实瓶颈。

（四）证券机构发展较好

2017 年末，滨海新区共有上市公司 32 家，证券机构股票交易额 3196.02 亿元，基金交易额 319.32 亿元，债券交易额 23.99 亿元。证券机构资金账户 38.37 万户，A 股账户 58.19 万户，B 股账户 0.50 万户，基金账户 22.02 万户。期货市场成交量 645.58 万手，成交额 2964.11 亿元。

从 2013 年 1 月至 2017 年 9 月，天津挂牌新三板企业由最初的 22 家增加到 202 家。据不完全统计，天津市所有新三板企业自上市以来累计募集超过 100 亿元，其中直接融资超过 50 亿元，间接融资超过 70 亿元。2016 年天津新三板企业总融资额接近 22 亿元，间接融资比例超过了直接融资。

（五）金融风险防控有力，金融安全稳健运行

1. 交易所、互联网金融风险可控

调查显示，在滨海新区注册的天津股权交易所等 10 家交易平台正按照《国务院办公厅关于规范发展区域性股权市场的通知》（国办发〔2017〕11 号）、证监会第 132 号令、清理整顿各类交易场所部际联席会议办公室"一个类别一家"的要求进行清理、规范、整合。其中，天津股权交易所正与天津滨海柜台交易市场整合，计划于 2018 年 3 月底完成整合并报证监会备案。天津滨海新区丝路农产品交易市场采取现货挂牌模式，客户限定为行业内企业，一对一协议转

让，全款实货交收，风险处于可控范围内。天津排放权交易所正常合规经营，未发现风险问题。天津铁合金交易所等7家交易平台①无交易，无风险问题。此外，滨海新区注册的35家互联网金融企业已清理整顿，不合规业务余额从3.5亿元压缩到1.1亿元，下降68.6%。其中，6家企业已退出或承诺退出该行业，14家企业被取缔，风险在可控范围内。

2. 新区银行业金融机构信贷风险基本可控

银监部门数据显示，2017年末，滨海新区商业银行不良贷款率为2.08%。其中，新区银行业金融机构房地产不良贷款率为0.7%，处于低风险状态。

三 天津自贸区外汇形势分析

2017年，天津自贸区跨境收支总体保持稳中微降态势，逆差同比有所增长，货物贸易收支量同比增长，逆差扩大，直接投资项下资金流出得到有效控制。外汇管理局滨海新区中心支局积极谋划、协同推进、强化落实，自贸区金融改革有序开展，各项创新政策落地成效显著，有力地支持了天津外向型经济发展。

（一）基本情况及特点

1. 自贸区跨境收支同比下降、逆差同比有所增长

如图2所示，2017年，天津自贸区跨境收支②477.4亿美元，同比下降3.36%，占滨海新区的48.2%。其中跨境收入150.8亿美元，

---

① 7家交易平台为天津铁合金交易所、天津滨海国际知识产权交易所、天津粮油商品交易所、天津联合化工商品交易中心、山东寿光蔬菜产业集团（天津）商品交易市场、天津汇港农产品交易市场、天津滨海京元众筹交易中心。
② 以天津自贸区企业在天津市银行办理业务为统计口径。

同比下降 8.6%，占滨海新区的 42.2%；跨境支出 326.6 亿美元，同比微降 0.7%，占滨海新区的 51.5%。收支逆差 175.8 亿美元，同比增长 7.2%，占滨海新区的 63.5%。全年月度跨境收支差额均为逆差，除个别月份受企业大额支出影响外，其余月份收支波动均较为平稳，大额、集中购付汇情况显著减少。从月度跨境收支量来看，6 月跨境收支总额 55.4 亿美元，达到全年峰值，主要原因是航空企业集中购买飞机，企业集中偿还外债，外商投资企业利润汇出增长等。全年收支逆差峰值出现在 8 月，为 20.7 亿美元，主要原因是中远散货运输（集团）有限公司对外放款 2 亿美元，中民国际融资租赁股份有限公司等企业集中归还境外贷款本息近 3 亿美元，导致资本项目支出增长显著。

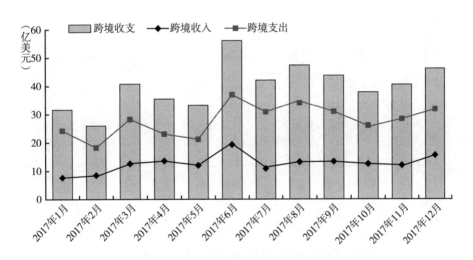

图 2　2017 年天津自贸区跨境收支月度走势

资料来源：中国人民银行天津分行。

2. 自贸区货物贸易收支量创新高，逆差有所扩大，离岸转手买卖收支顺差收窄

如图 3 所示，2017 年，天津自贸区货物贸易收支 360.8 亿美元，同比增长 6.2%，占滨海新区的 51.1%。其中收入 101.6 亿美元，同

比增长 5.2%，占滨海新区的 39.8%；支出 259.2 亿美元，同比增长 6.6%，占滨海新区的 57.5%。货物贸易收支逆差 157.6 亿美元，同比增长 7.6%，对自贸区跨境收支逆差贡献度达 89.6%。从季度来看，第三季度货物贸易收支 102 亿美元，收支逆差 51.2 亿美元，均创近两年以来季度峰值。从大额付汇行业来看，飞机、汽车全年进口付汇额分别为 73.2 亿美元、45.7 亿美元，同比分别增长 24.5%、46.5%，分别占天津自贸区货物贸易付汇总额的 28.2%、17.6%。离岸转手买卖全年付汇额为 52 亿美元，同比增长 39.8%，收汇额 56.4 亿美元，同比增长 26.2%，收支顺差 4.4 亿美元，同比收窄 41.3%。

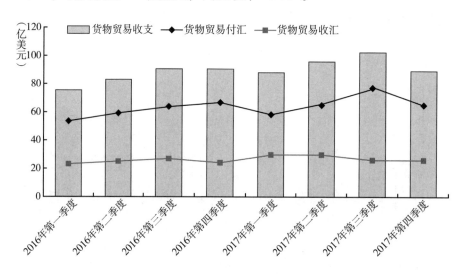

图 3　2016 年第一季度至 2017 年第四季度天津自贸区货物贸易收付汇趋势

资料来源：中国人民银行天津分行。

3. 新增名录企业降幅显著，外资企业注册数量、注册资本及资本金流入继续下降

2017 年，天津自贸区货物贸易新增名录企业 962 家，同比下降 24.1%，占滨海新区的 58.1%，同比下降 11.3 个百分点；新设外商

投资企业103家，同比下降48%，占滨海新区的68.2%；注册资本32.5亿美元，同比下降73.1%，占滨海新区的61%；实际外资资本金①流入14.6亿美元，同比下降3.3%。2017年，天津自贸区新增货物贸易名录企业中，新设外商投资企业家数、注册资本整体情况同比有所下降，表1反映了2017年天津自贸区资本金流入较大企业的明细。

表1　2017年天津自由贸易区资本金流入较大企业明细

序号	企业名称	注册地点	行业种类	经营范围	注册资本	本年流入
1	高济（天津）投资有限公司	中心商务区	商务服务业	投资	3亿美元	2.68亿美元
2	平安国际融资租赁(天津)有限公司	东疆保税港区	租赁业	融资租赁业务、租赁业务等	4.7亿美元	1.75亿美元
3	中飞租融资租赁有限公司	东疆保税港区	租赁业	融资租赁业务、租赁业务等	8亿美元	7662万美元
4	远东宏信(天津)融资租赁有限公司	东疆保税港区	租赁业	融资租赁业务、租赁业务等	8亿美元	7567.4万美元
5	国新融资租赁有限公司	东疆保税港区	租赁业	融资租赁业务、租赁业务等	2.9亿美元	7389.7万美元
6	招商局通商融资租赁有限公司	东疆保税港区	租赁业	融资租赁业务、保理等	4.46亿美元	6688.2万美元
7	天津量子时代信息技术有限公司	东疆保税港区	专业技术服务业	计算机软硬件及网络技术的开发、转让、咨询服务	5000万美元	4900万美元

资料来源：笔者根据公开报道整理。

4. 外债签约额大幅增长，实际流入额下降，借债主体仍以租赁企业为主

2017年，天津自贸区企业外债签约登记92笔，同比下降

---

①　包含新设企业资本金、增资款、转股款等。

26.4%，签约金额共计66.2亿美元，同比增长30%，分别占滨海新区业务数量、签约总额的46.9%、69.2%；实际外债流入18.4亿美元，同比下降57.1%。外债签约登记金额分外债实际流入金额差异较大的原因，一是民生金融租赁股份有限公司进行跨国公司外汇资金集中运营外债框架登记，金额30亿美元，该笔业务不发生提款；二是华能天成融资租赁有限公司、大唐融资租赁有限公司等企业登记的19笔大额外债业务，均尚未发生提款操作，合计金额约41.1亿美元。从全年外债签约情况来看，呈现三个显著特点。一是融资租赁行业外债占比较高。2017年，天津自贸区融资租赁企业外债签约额占自贸区企业外债签约总额比例达87.3%。二是人民币外债占比有所提升。2017年，自贸区企业借用人民币外债33笔，合计金额8.3亿美元，占比达22.9%，[①] 较上年同期提升9.5个百分点。主要原因是境内人民币融资成本进一步提高及境内金融机构放贷结构及节奏调整。三是全口径外债签约额持续提升，但占比仍较小。2017年，自贸区企业采用全口径模式借用外债共计24笔，金额10.86亿美元，同比增长3.1倍，占自贸区企业外债签约总额的16.4%。

5. 境外投资、放款降幅明显

2017年，天津自贸区境外投资支出3.9亿美元，同比下降91.2%，主要因为天津渤海租赁有限公司12月对境外子公司增资2笔，金额合计3.4亿美元，占自贸区全年对外投资的87%；境外放款支出7.8亿美元，同比下降32.2%，主要因为中远散货运输（集团）有限公司和民生金融租赁有限公司对外放款3笔，金额合计4.3亿美元。

（二）金融改革创新工作落地情况

"金改30条"多项政策得以迅速推广实施。截至2017年12月

---

① 剔出民生金融租赁有限公司外汇资金集中运营框架登记影响。

末，天津自贸区金融改革政策八成措施已落地，7项措施在全国推广，金融创新绿地森林效应不断扩大，自贸试验区政策优势、区位优势和资源优势得到进一步凸显。

1. 扩大人民币使用促进境内外资金联动，政策稳步实施

一是跨境双向人民币资金池业务发展迅速，全口径跨境融资宏观审慎管理实现了中外资企业跨境融资政策的平等化，有效拓宽了中资企业境外融资渠道，自天津自贸区挂牌至2017年12月末，人民币资金池结算量达260.5亿元，区内银行发放境外人民币贷款149.6亿元，为涉外企业更好地利用"两个市场，两种资源"创造了良好条件。二是自贸区内银行加强同海外分行联动，向境外发放人民币贷款业务规模不断扩大，自天津自贸区挂牌至2017年12月末，共发放人民币贷款256笔，累计金额149.6亿元。

2. 深化外汇管理改革政策落地占比最高，业务推进有序

一是直接投资外汇登记业务由银行办理。2017年，全市金融机构累计为区内企业办理外商直接投资（FDI）和境外投资（ODI）项下外汇登记156笔，累计涉及金额49.1亿美元，企业投资便利化程度明显提升。二是货物贸易A类企业外汇收入中贸易部分不需要开立待核查账户。2017年，区内货物贸易A类企业共计34970笔、61.8亿美元贸易收入直接进入企业结算账户，大幅提高了企业资金使用效率，跨国公司外汇集中运营提高企业平均资金周转率50%以上，为境外机构办理外汇衍生品交易更好地满足了市场主体规避汇率风险和套期保值的需求。三是资本金、外债实行意愿结汇。2017年，共办理资本金意愿结汇业务36笔，累计金额4亿美元；外债意愿结汇业务6笔，金额2.6亿美元。四是外债宏观审慎管理政策。2017年，共办理全口径宏观审慎外债签约登记24笔，签约金额共计10.86亿美元，其中17笔为中资企业借款，签约金额合计9.09亿美元，占比高达83.7%。五是允许自贸区内银行办理NRA账户结汇。

2017 年，自贸区内银行为相关市场主体开立境外机构境内外汇账户266 个，办理结汇 14.5 亿美元。

3. 支持租赁业发展政策推广迅速，业务规模不断扩大

天津东疆港成为全国首家获批开展经营性租赁收取外币租金试点的区域，累计办理业务 30 亿美元，区内符合条件的 82 家融资租赁类公司办理收取外币租金 20.7 亿美元，办理售后回租项下外币支付货款 2.1 亿美元，企业减少汇兑损失最高达 2%。与此同时，进一步加大创新力度，租赁公司实施外债意愿结汇、开展联合租赁业务和外汇资金集中运营等措施并得到了相关政策和部门的大力支持，实现了多个全国"首单"和"第一"，充分发挥了天津租赁特色产业的辐射带动效应。一是融资租赁收取外币租金业务快速增长。2017 年，天津自贸区融资租赁公司开展融资租赁项目收取外币租金业务 383 笔，金额 9 亿美元，同比分别增长23.5%、52.5%。二是经营租赁收取外币租金业务继续保持增长势头，2017 年，共为自贸区东疆片区租赁公司办理经营性租赁收取租金业务，累计 2047 笔，累计金额达 16.3 亿美元，同比分别增长 63.6%、41.7%。

4. 金融政策复制性初步实现，简政放权力度不断加大使创新政策可复制可推广取得新进展

"金改 30 条"中关于外债宏观审慎监管、A 类企业货物贸易收入不入待核查账户、直接投资外汇登记下放银行办理、融资租赁收取外币租金、区内个人开展经常项下跨境人民币业务等 10 项政策已在全国推广实施。行政服务能力和水平不断提升。天津自贸区金融基础设施及功能不断完善。加强征信环境建设，进一步完善了区内金融集成电路卡应用环境，拓宽应用领域。

四 滨海新区外汇形势分析

2017 年，滨海新区经济方面涉外部分运行总体平稳。受美联储

加息节奏平稳、人民币汇率稳中有升、外汇管理持续有效等因素影响，外汇供求更趋均衡，跨境资金流动总体形势稳中向好。同时，在美联储加息预期明确、缩表逐步加速及税改明朗等因素的情况下，未来资金流出压力仍值得关注。

（一）跨境收支主要特点及原因分析

1. 跨境收支总额有所回升，逆差小幅扩大

2017 年，滨海新区跨境收支总额（本外币合计）1250.2 亿美元（等值 8463.3 亿元人民币），同比增长 2.8%。在此部分，如表 2 所示，跨境收入 477.3 亿美元（等值 3233.0 亿元人民币），较 2016 年增加了 2.7%；跨境支出 772.9 亿美元（等值 5230.3 亿元人民币），较 2016 年增加了 2.9%；收支逆差 295.6 亿美元（等值 1997.3 亿元人民币），比上年增长 3.3%。

表 2　2017 年滨海新区跨境收支统计

单位：亿美元，%

项目	收入		支出		差额
	金额	同比增速	金额	同比增速	
合计	477.30	2.69	772.87	2.93	−295.57
一、经常项目	391.30	8.73	673.68	9.73	−282.38
1. 货物贸易	361.35	9.84	554.98	17.66	−193.63
2. 服务贸易	26.37	−3.47	32.18	18.80	−5.81
3. 收益	1.48	94.92	86.34	−24.84	−84.86
4. 经常转移	2.10	−25.78	0.17	−32.82	1.93
二、资本和金融账户	86.00	−18.02	99.19	−27.57	−13.19
直接投资	60.94	4.07	61.52	−25.79	−0.58
其他投资	24.6	−45.84	37.7	−29.83	−13.1

资料来源：中国人民银行天津分行。

2. 受购买飞机及配件影响，货物贸易逆差大幅增长

2017 年，滨海新区货物贸易收支总额 916.33 亿美元，同比增长 14.40%。其中，收入 361.35 亿美元，同比增长 9.84%；支出 554.98 亿美元，同比增长 17.66%；收支逆差 193.63 亿美元，同比增长 35.70%。受融资租赁行业快速发展影响，飞机进口支出增长较快，对滨海新区整体货物贸易逆差影响较大。2017 年，滨海新区购买飞机及配件对外支付的货款共计 110.60 亿美元，同比增长 34.10%。该项业务贡献逆差 99.10 亿美元，占全部货物贸易逆差的 51.20%。

3. 服务贸易差额由顺转逆，支出规模增长较快

2017 年，滨海新区服务贸易收支总额 58.55 亿美元，同比增长 7.6%。其中，收入 26.37 亿美元，同比下降 3.47%；支出 32.18 亿美元，同比增长 18.8%；收支差额由上年的顺差 0.2 亿美元变为逆差 5.81 亿美元。服务贸易逆差的主要原因是支出有较大幅度增长，支出规模最大的为其他商业服务项目，支出 12.0 亿美元，同比增长 33.8%，主要为支付飞机的经营性租赁租金，金额约为 5.3 亿美元。支出增速最快的为保险服务项目，支出 1.3 亿美元，与上年相比增加了约 16.5 倍，华夏人寿保险股份有限公司支出约 1.2 亿美元，用于向境内非居民支付人寿保险。逆差规模最大的为"别处未涵盖的知识产权使用费"项目，逆差约为 7.3 亿美元。该项下支出规模最大的企业为天津一汽丰田汽车有限公司，支出 0.73 亿美元，用于研发成果（专有技术）使用费，其次为诺和诺德（中国）制药有限公司，支出 0.72 亿美元，用于支付灌装生产专有技术许可使用费。

4. 企业利润汇出规模缩小

2017 年，滨海新区利润汇出资金 81.7 亿美元，同比下降 25.8%。利润汇出主体呈现较高集中度。一是中海石油利润汇出大幅下降，但在新区利润汇出中仍占据绝对比例。2017 年中海石油（中国）有限公司利润汇出 54.3 亿美元，主要用于支付股东红利和近两

年的利润分红，同比大幅下降34.5%，占全部利润汇出的66.6%。二是利润汇出规模排名第二的企业康师傅方便面投资（中国）有限公司，利润汇出6.0亿美元，用于向境外母公司支付2016年利润，同比增长110.4%。

5. FDI项目"扩流入"成果稳固，滨海新区外资吸引力保持稳定

2017年，滨海新区外国来华直接投资类项目工程总收入达到41.3亿美元，较上年同期增长0.8亿美元，增速2.0%，其中资本金汇入、增资、转股等资本金项下流入共计33.3亿美元，占比为80.8%。从资本金流入企业的分布情况看，呈现小而分散的局面，单家流入规模最大的企业为捷信消费金融有限公司，流入资本金5.4亿美元。除此之外，共有199家企业合计资本金流入27.9亿美元，行业涉及制造、能源、租赁、投资、房地产、服务等行业，全面反映新区对外资吸引力保持的态势。

6. 境外直接投资大幅回落，"控流出"效果显著

2017年，滨海新区企业境外直接投资支出28.8亿美元，同比下降34.8%，上年同期为44.2亿美元。其中，资本金项下流出共计24.0亿美元，占比为83.3%。单家流出规模最大的企业为天津奇思科技有限公司，流出资本金12.0亿美元。其次是三六零科技股份有限公司，流出资本金10.0亿美元。除此之外，各企业资本金汇出均不足1.0亿美元，"控流出"效果显著。

（二）结售汇主要特征及相关原因

1. 结售汇规模保持稳定，结售汇逆差较快下降

2017年，滨海新区结售汇总额238.6亿美元，与2016年基本持平，同比微增0.1%。从差额结构看，滨海新区结售汇差额连续第3年保持经常、资本双逆差格局。其中，经常项目结售汇逆差占比98.8%，占比上升29.2个百分点。资本与金融项目结售汇逆差占比

1.2%。

2.货物贸易及收益与经常转移售汇增长推动经常项目结售汇逆差创新高

2017年，滨海新区经常项目结汇50.2亿美元，同比增长5.4%，售汇147.1亿美元，同比增长13.5%，经常项目结售汇逆差96.9亿美元，同比增长18.1%，创10年来新高。一方面，2017年以来，滨海新区融资租赁公司购买飞机势头迅猛，全年因购买飞机大额购汇37亿美元，特别是中资融资租赁公司大额购汇35亿美元，占中资机构货物贸易售汇的比重达47.5%，直接推动新区中资机构货物贸易售汇同比增长28.6%，从而导致整体货物贸易结售汇逆差扩大7.9%。另一方面，中海石油（中国）有限公司因外汇局窗口指导取消及年内境内购汇价格优势，重新选择美元对外支付利润，导致收益与经常转移售汇同比增长59.6%。

3.资本与金融项目结汇快速增长，售汇迅速下降，结售汇逆差大幅收窄

2017年，滨海新区资本与金融项目结汇20.1亿美元，同比增长57.6%，售汇21.3亿美元，同比下降56.2%，结售汇逆差1.2亿美元，同比下降96.7%。一是滨海新区企业对外投资日趋理性，对外直接投资购汇快速降温至近几年正常水平。全年投资资本金售汇1.8亿美元，同比下降83.1%，单向导致新区投资资本金结售汇顺差走高至8.7亿美元，较上年扩大36.7倍。二是年初NRA账户结汇骤增、个别企业境外发债回流导致其他投资结汇大幅增长，第一季度滨海新区个别银行利用自贸区NRA账户结汇新政为企业办理结汇近3亿美元，9月新区企业天津临港投资控股有限公司将其在香港发行的2.6亿美元债务回流结汇，二者共同推动其他投资结汇增至8.3亿美元，同比增长近11倍。此外，受美元加息等因素影响，年内美元融资成本不断走高，企业负债外币化意愿较低，全年跨境贷款收入

18.8亿美元，同比下降57.4%，截至12月底，国内外汇贷款余额70.2亿美元，较年初增长0.2亿美元，与2016年相比少增5.9亿美元。在经历前两年企业集中购汇还款及新增美元债务不足的情况下，跨境贷款售汇及国内外汇贷款售汇快速下滑。其中，跨境贷款售汇1.1亿美元，同比下降82.5%，国内外汇贷款售汇7.5亿美元，同比下降67.6%。

4. 市场主体持汇意愿仍较高，购汇意愿明显下降，人民币升值预期加强

2017年，滨海新区银行收入结汇率为45.6%，较上年微增0.8个百分点，连续两年不足50%，处于10年来低位。从新区外汇存款规模变化情况看，2017年12月末，新区银行外汇存款余额为65.2亿美元，较年初增加16.4亿美元，为历年最高，说明在经历2017年人民币较快升值后，新区涉汇主体持汇意愿仍较强。但受汇率波动影响，企业购汇意愿较快下降，2017年新区购汇率为63.3%，较上年下降12.8个百分点。此外，从新区远期结售汇签约情况看，新区企业对人民币汇率升值预期加强，2017年，新区银行远期结汇签约3.1亿美元，而上年同期仅1000余万美元，远期售汇签约7.5亿美元，同比下降43.2%，远期结售汇逆差4.4亿美元，同比收窄66.5%。

五　政策建议

（一）加快结构调整，转变增长方式，推动高质量发展

一是加强营商环境建设。进一步简化行政审批手续，大力减少企业非税负担，降低制度性交易成本；强化各功能区招商职能，发挥功能区贴近市场、熟悉政策、了解企业的优势，提升招商效果；培育本土民营企业，吸引国内龙头企业，带动上下游产业链发展。

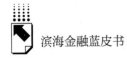

二是发挥传统优势保增长。抓住工业、投资、国企、港口的传统动力不松劲，为确保经济增长速度"托底"。进一步挖潜和工业改造升级，保持投资适度增长，优化投资结构，提高投资效率。加快国企混合所有制改革，进一步提高企业效率。加快天津港绿色港口、智能港口、智慧港口建设，进一步增强港口的辐射和带动作用。

三是主动融入"一带一路"、京津冀协同发展、自贸区建设，在融入中实现发展，做大做强。紧紧围绕党中央、天津市委对滨海新区的定位，主动深度融入"一带一路"，拓宽京津冀协同发展广度，更好地发挥天津自贸区试验示范效应，带动新区经济再腾飞。

四是加快培育新动能，尽快形成后发优势、规模效应。近些年，与全国发达区域相比，新区在大数据、互联网、军民融合等方面虽然有所聚集，但还存在较大差距。建议尽快追赶智能革命浪潮，主攻大数据和机器学习领域，推动智能革命与新区传统动力融合，对于已经实现初步聚集的功能区、园区、产业链，应进一步发挥其带动作用，形成规模效应。

五是加强协同发展。围绕综合性产业体系建设，以实体经济为基础，以科技创新为动力，以现代金融为助力，以人力资源为保障，形成土地、资本、技术、资金、人力等生产要素的协调配合，提高区域经济增长内生动力。

（二）优化信贷资源配置，支持区域传统优势行业与绿色金融、科技金融、普惠金融协调发展

一是继续加强对滨海新区基础设施建设及传统优势行业的信贷支持。信贷投放不搞"一刀切"，继续保持对公共设施、交通运输、制造业的信贷支持力度，保证信贷对投资的合理增长，特

别是支持先进制造、智能制造集聚发展。二是鼓励金融机构将更多信贷资金投向民营的中小微企业。发展普惠金融，进一步引导金融机构开展体制、机制和产品创新，拓宽中小微企业融资渠道，支持民营小微企业发展壮大。三是以"投贷联动"为突破口，大力发展科技金融。推动"投贷联动"试点，重点支持新区企业聚集成长。四是推广绿色债券，促进绿色金融发展。鼓励企业转变融资方式，加强债券融资宣传培训，推动新区绿色债券规模进一步扩大。

（三）关注金融机构尤其是地方商业银行的流动性风险和政府积累的债务风险

把防范化解地方政府债务风险作为首要任务，坚决避免发生"灰犀牛"事件。切实提高地方政府的风控意识，同时加大其债务置换规模及对融资平台的监控力度，提高融资透明度，加强偿债能力保障，引导平台融资规模回归合理水平。密切跟踪监测金融机构尤其是地方法人的流动性风险，合理控制授信规模和授信集中度，准确评估和处置不良贷款，将不良贷款率控制在合理水平。继续做好互联网金融、交易所清理整顿工作，建立监管长效机制，不断增强监管有效性。

（四）应关注自贸区金融改革试点政策的复制推广

2017年10月，国家外汇管理局印发《国家外汇管理局关于融资租赁业务外汇管理有关问题的通知》，明确了将允许自贸区注册的融资租赁公司在满足一定条件开展的境内融资租赁项目在境内收取外币租金的政策在全国范围内复制推广。下一步，应持续关注自贸区企业政策需求，在现有政策已复制推广的基础上探索创新政策，为自贸区进一步发展提供政策支持。

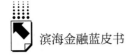
党的十九大报告提出"赋予自由贸易试验区更大改革自主权，探索建设自由贸易港"的要求，建设自由贸易港是现阶段中国自由贸易试验区转型升级的途径，是进一步扩大我国对外开放，促进外向型经济增长的必然选择。应立足天津优势，加强金融支持天津自由贸易港建设相关政策研究。

分 报 告

Sub-Reports

B.2
滨海新区金融产品创新

郭 强 安志勇*

摘 要： 为了满足企业资金需求，支持区内特色行业发展，滨
海新区在 2017 年推出了各类创新型的金融产品。天津
国投津能发电有限公司申请的"绿色短期融资券"在
全国银行间市场发行成功；金城银行推出"政采贷"
移动端产品于 10 月正式升级上线，它是京津冀地区首
家实现贷款支用、归还、查询移动端全操作的政府采
购类贷款产品；中国人民财产保险股份有限公司天津
市分公司推出"境外展会专利纠纷法律费用保险"；工
银金融租赁有限公司开展国内外汇贷款资金纳入外汇

* 郭强，经济学博士，天津财经大学金融学院讲师，主要研究领域为货币政策、世界经济等；
安志勇，经济学博士，天津金融局，主要研究领域为金融创新、金融监管。

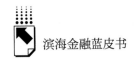
资金池业务；民益航运租赁公司"民益公主轮"业务是全国第一单通过信托基金的方式在非标准化资产管理（船舶资产）领域进行投融资业务，是国内船舶融资领域一大创新。

关键词： 滨海新区　金融产品　政采贷

一　滨海金融产品创新概览

（一）债券发行

1. 国债发行

2017年第一期和第二期储蓄国债（凭证式）于3月10日正式发行，是凭证式国债更名为储蓄国债（凭证式）后的首次发行。天津市21家储蓄国债承销机构首日共售出6.81亿元，占全国计划最大发行总额的2.27%。

2017年第九期和第十期储蓄国债（电子式）于10月10～19日发行。两期国债均为固定利率、固定期限品种，最大发行总额460亿元。其中，第九期期限3年，票面年利率3.90%，最大发行额230亿元；第十期期限5年，票面年利率4.22%，最大发行额230亿元。天津市首日共售出5.83亿元，占全国最大发行总额的1.27%。其中，第九期2.18亿元，占全国最大发行额的0.95%，第十期3.65亿元，占全国最大发行额的1.59%。

2017年第七期和第八期储蓄国债（凭证式）于11月10～19日发行。第七期和第八期储蓄国债（凭证式）计划最大发行总额为360亿元。其中，第七期为180亿元，期限3年，票面年利率3.9%；第八期为180亿元，期限5年，票面年利率4.22%。天津市首日共售出5.30亿元，占全国最大发行总额的1.47%。其中，第七期3.03亿元，占全国最大发行额的1.68%；第八期2.27亿元，占全国最大发行额的1.26%。

2. 绿色短期融资券发行

在中国人民银行滨海新区中心支行的积极推动下，天津市滨海新区企业申请的"绿色短期融资券"在全国银行间市场注册并发行成功，这是全国银行间市场火电行业的首单绿色债券，同时也是全国银行间市场首单绿色短期融资券。

近几年，绿色债券逐渐兴起，在银行间市场发展势头良好，成为其重要的创新业务，而这次的注册规模更是突破了10亿元，仅首次发行的金额就达到了2亿元。此时，市场一年期短期利率是4.74%，直接融资带来的是融资成本的相对降低，有助于改善公司的资本结构。另外，此次发行的主承销商是中信天津分行，发行企业是天津国投津能发电有限公司。在中国人民银行天津分行的指导下，中国人民银行滨海新区中心支行多次赴企业实地考察，了解生产经营及资金需求情况，密切关注主承销商为企业设计的发行方案，实时跟进注册进度，协助完善申请资料，持续提供政策支持。

3. 金融债发行

民生金融租赁首次发行金融债，发行规模10亿元、期限3年期，分别由国家开发银行、中国工商银行担任牵头主承销商，农业银行、中国银行、交通银行以及中信建投证券担任联席主承销商。

（二）支付方式创新

天津万熹翼科技有限公司顺利完成"天津银行人脸识别系统"上线工作。系统自6月下旬完成开发建设及调试，7月中旬在天津市范围内率先开始联调测试及试运行，然后推广至天津银行天津市范围内全部营业网点。此外，根据各地监管部门要求，于8月对天津银行

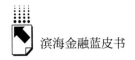

四川地区（包括成都、泸州）开展人脸识别系统的上线运行工作。人脸识别系统与天津银行业务系统对接，启动天津银行目前一些重要业务，比如签发银行承兑汇票业务等。配合电子印章系统，完善重要业务的柜员识别，如出具存款证明业务、出售理财业务等，保证内控安全。完成远程开户人脸比对功能。协助网络金融等部门，完善天津银行远程开户人脸识别、人员信息甄别等功能。

（三）信贷产品创新

金城银行推出"政采贷"移动端产品，京津冀地区的中小微企业凭借中标的政府采购合同，随时随地即可通过金城银行手机移动端在线申请融资，最高可获得500万元的授信额度，最快1个工作日贷款即可到账，金城银行相关负责人表示，该移动端系统已于2017年10月正式升级上线，是京津冀地区首家实现贷款支用、归还、查询移动端全操作的政府采购类贷款产品。

"政采贷"是金城银行针对中小微企业推出的核心金融产品，此前中小微企业取得"政采贷"的授信后，无须抵押、质押及第三方担保，凭中标的政府采购合同，即可到金城银行申请融资，资料齐全可当天放款。而此次金城银行推出的"政采贷"移动端产品，实现企业贷款融资全部在线操作，更加方便快捷，且一次审批，多次放款，随借随还，额度循环使用，贷款期限灵活，按日计息，最长可贷12个月，到期一次性还本付息，可有效缓解企业因政府采购结算时间较长而造成的短期资金周转压力。最高500万元的授信，也可有利于降低企业的融资成本，加快企业经营运转。

（四）融资租赁创新

1. 中民国际融资租赁股份有限公司购买和租赁直升机

2017年9月，中民国际融资租赁股份有限公司在第四届中国天津国际直升机博览会上，分别与中国航财集团以及国际最大的几家直升机制造商空客直升机、贝尔直升机和俄罗斯直升机签署合作协议，涉及几十架直升机的购买和租赁。

2. 民益航运租赁公司实现租金回境

2017年1月，民益航运租赁公司首单业务"民益公主轮"顺利完成交割并实现租金回境。该业务是全国第一单通过信托基金的方式在非标准化资产管理（船舶资产）领域进行投融资业务，是国内船舶融资领域一大创新。

（五）天津集中推出1469亿元政府和社会资本合作项目

2017年12月，天津市公布31个政府和社会资本合作（PPP）推介项目，涉及交通运输、水利、环境保护、林业、重大市政工程、特色小镇和棚户区6个领域，总投资1469亿元。此次推介项目实施条件比较成熟，相当一部分项目已经具备开工条件。大多数项目具有稳定的现金流，预期效益较好，有利于社会资本获得长期合理的回报。

（六）中国人民财产保险股份有限公司天津市分公司推出"境外展会专利纠纷法律费用保险"

2017年3月，天津海鸥表业集团有限公司与中国人民财产保险股份有限公司天津市分公司签约，成为我国首家投保"境外展会专利纠纷法律费用保险"的企业。今后天津海鸥表业集团有限公司在参加境外行业展会遇到专利纠纷并诉诸法律途径解决时，可以通过保险方式获得经济补偿。"境外展会专利纠纷法律费用保险"是为拥有自主知识产权的科技型企业量身定制的专利保险产品。投保企业在境外展会参展过程中，在因境外第三方主张参展展品侵犯其专利权而发送警告信或请求海关、专利行政主管部门或司法部门采取强制措施时，为应对上述专利侵权纠纷而支出的律师费、诉讼费等法律费用，

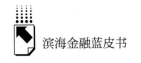

保险公司负责赔偿。通过投保这个险种，解除了企业对于在境外引发专利侵权纠纷支出法律费用的困扰。

（七）工银金融租赁有限公司开展国内外汇贷款资金纳入外汇资金池业务

2017 年 2 月，经国家外汇管理局批复，工银金融租赁有限公司获准开展国内外汇贷款资金纳入外汇资金池管理业务，并成功通过平安银行天津自贸区分行将一笔 5000 万美元国内外汇贷款放款至其项目公司用于支付飞机采购款，成为全国首家能够开展此项业务的跨国公司。该业务的开展将大大降低企业资金运作成本，提高资金使用效率，可为企业节约 90% 以上的相关费用。

二　天津自贸试验区金融产品创新案例摘编

（一）中资企业海外发债、资金回流和汇率管理综合服务业务

伴随着国家"一带一路"倡议的实施以及自贸试验区金融改革的推进，政策红利纷至沓来，中资企业紧抓"扩流入"政策有利时机，结合自身发展实际需求，积极寻求跨境直接融资。2017 年以来，中资企业境外债券发行规模及数量同比呈现迅猛增长态势，中信银行天津分行积极引导客户开拓境外融资渠道，尝试并探索境外发债的各种模式，提供政策咨询、资金回流、汇率管理等一揽子综合跨境金融服务，助力企业发展。

1. 业务简介

2017 年，中信银行天津分行通过境内外机构联动营销，成功为天津某大型国有企业 A 集团发行高级无抵押固定票息债券，并协助企业资金回流，保证境外资金安全回流境内使用。具体债券发行方式

为：B 公司为 A 集团在境外设立的特殊目的公司（SPV），由 A 集团提供无条件不可撤销担保，B 公司作为发行主体，债券评级获得与集团相同的投资评级，最终成功发行 3 年期 3 亿美元及 5 年期 2 亿美元双券种美元债券。正是由于中信银行天津分行发债团队前期的不懈努力和正确的营销策略，在认购阶段创下超目标额 6 倍的债券认购规模，有效降低债券的利率价格，为客户节省融资成本。债券发行后，中信银行天津分行积极联系国家外汇管理局，主动沟通外债登记相关事宜，协助企业资金回流境内，保证企业资金正常使用。同时，利用中信银行天津分行 NRA 账户外汇衍生品业务，为企业锁定该笔境外债券综合融资成本，帮助企业规避汇率风险。

2. 创新亮点

中信银行天津分行全流程参与的天津市某大型国有企业 A 集团境外债券发行工作，为客户进行全方位方案设计，同时借助天津自贸区的有利政策优势，利用 NRA 账户衍生品业务为客户量身打造汇率风险管理方案，得到客户的充分认可，开拓了企业的境外融资渠道，同时降低和锁定融资成本。

3. 应用价值

中信银行天津分行在各委办局的大力支持下，助企业"走出去"参与境外直接融资，充分利用自贸区政策，提升区内全行业融资便利性，用以支持企业发展。伴随着天津自贸区改革与发展的深化，中信银行天津分行将继续全面参与天津自贸区创新发展，切实服务实体经济，为天津经济建设贡献力量。

（二）国内首单绿色短期融资券业务

2015 年以来，人民银行中国金融学会绿色金融专业委员会、中国银行间市场交易商协会分别发布《绿色债券支持项目目录》和《非金融企业绿色债务融资工具业务指引》，鼓励境内外企业发行绿

色债券，中信银行天津分行积极响应，为天津自贸区内某国有企业 A
公司在银行间市场注册了全国首单"绿色短期融资券"并成功发行。

1. 业务简介

"绿色债务融资工具"指境内外具有法人资格的非金融企业在银
行间债券市场发行的、所融资金全部投向改善自然环境等绿色环保事
业的债务融资工具。中信银行作为主承销商，为评级为 AA + 的发行
人某公司在银行间市场申请注册绿色债务融资工具。具体申报方案
为：申请 1 年期短期融资券，用途为置换绿色项目贷款。该绿色债务
融资工具申报方案得到了交易商协会的认可，该公司获得带有绿色标
识"GN"的注册通知书，并获批 10 亿元绿色短期融资券的注册额
度，作为银行间首单绿色短期融资券，也是天津市首单绿色债券，该
债券的发行得到了市场投资人的高度认可和积极认购，最终成功发
行。

2. 创新亮点

本次绿色短期融资券实现注册及发行前，银行间市场已成功注册
及发行了绿色中期票据、绿色永续票据、绿色定向工具等债务融资工
具产品，但由于绿色短期融资券属于短期债务工具，它不一定符合
《绿色债券支持项目目录》的规定，经过银行及其他中介机构的进一
步调查和论证，绿色短期融资券得到了交易商协会创新部的认可，开
启了企业绿色项目融资的新模式，具有里程碑意义。同时发行价格也
是同期同评级同类企业的最低价格，绿色债券的成本优势在本次发行
中得以验证。

3. 应用价值

此笔绿色短期融资券的成功发行，是天津市非金融企业首次尝试
通过直接融资方式发行绿色债券，实现绿色融资，为天津市其他非金
融企业提供了参考借鉴。第二届天津绿色金融论坛上，时任天津市副
市长的阎庆民表示"此笔绿色短期融资券的成功发行为火电行业循

环经济企业获得绿色金融融资渠道、为沿海地区火电行业的绿色发展提供了借鉴意义，并且很多金融机构积累了实践经验、促进京津地区工业的练色、循环、低碳发展"。

（三）外币 NRA 定期存单业务

2017 年 1 月央行下发了《中国人民银行关于全口径跨境融资宏观审慎管理有关事宜的通知》（银发〔2017〕9 号），内容包括了境内企业与外商投资企业的外债管理方式、企业外债规模计算方法、外债登记等重要外汇管理问题，将本外币一体化的全口径跨境融资宏观审慎管理试点扩大至全国范围，是对金融机构和企业跨境融资政策的进一步深化。

1. 业务简介

2017 年 11 月，中信银行天津分行利用跨境融资宏观审慎政策中"境外主体存放金融机构本外币存款不纳入风险加权余额管理"的政策红利，为某境外企业 A 公司在天津自贸区分行办理一年期外币 NRA 定期存单业务，定期存放利率比照境内定价标准执行，大幅增加境外业务的存款利息收入，中信银行天津分行也通过 NRA 定期存单业务带动与 A 公司其他业务合作，增强客户黏性。

2. 创新亮点

根据《中国人民银行关于全口径跨境融资宏观审慎管理有关事宜的通知》（银发〔2017〕9 号）规定，境外主体存放在金融机构的本外币存款不纳入风险加权余额管理，这样一来，境外企业在银行开展一年期外币负债业务不占用银行短期外债指标，有利于金融机构增加负债规模。同样对于境外企业而言，可以借助外币 NRA 定期存单业务，享受到远高于境外利率的境内外币存款价格，增加企业存款利息收入。

3. 应用价值

自贸区 NRA 账户体系，为境外企业投资与贸易提供了结算的便

利，新跨境融资宏观审慎政策的出台，更为境外企业提高利息收入、降低财务成本提供了一条新的路径。中信银行天津分行通过外币NRA定期存单业务，吸引更多境外企业落户自贸区银行，以更加优质的综合金融服务助力企业发展。

（四）"互联网＋贸易融资"境外采购资项目平台

天津滨海农商银行作为全国首家坐落于滨海新区和自贸区的商业银行，高度重视开展自贸区业务，一直以"立足滨海、服务京津冀、辐射一带一路"作为区城市场定位，充分发挥总部优势，支持地区特色行业发展，为战略性重点客户提供定制化产品和精准服务，基于"互联网＋贸易金融"的理念，天津滨海农商银行研发了BTOB和HTOB项目系统，天津滨海农商银行发表的《用互联网＋金融业务创新服务天津自贸区》，获得了银监会"三类成果"大奖。

1. 业务简介

某集团旗下汽车销售服务有限公司将海外采购、港口批发、融资服务等资源进行整合，成为为平行进口汽车提供全产业链服务的平台。2016年，天津滨海农商银行给予平台内供应中的核心企业综合授信额度，打造了境内分销秒贷项目即BTOB平台，解决了行业下游众多中小企业融资难、融资贵的问题，截至2017年12月31日，该平台累计发放融资5268笔，累计信用31.03亿元，运行平稳，收效显著，为满足客户供应链全流程融资需求，天津滨海农商银行继续探索研发了上游境外采购融资项目即HTOB平台，克服诸多技术难题，将专业化、复杂化的国际业务流程系统化、简单化，创造性地将"自主循环贷"拓展至跨境采购中，实现系统自动开证、自动购汇、自动押汇、自动付款，真正实现"一键直达海外"。

2. 创新亮点

天津滨海农商银行的HTOB项目主要实现以下三个方面的创新。

一是进口信用证处理流程创新。通过银企直连，实现单据传递的电子化流程，系统根据既定规则自动校验数据，从开证到付款，全流程均实现了线上处理。相比传统模式，从 4 个机构 10 个节点简化为 2 个机构 3 个节点。

二是贸易融资授信模式创新。授信模式为"一次授信，多次用信，用信项下额度循环使用"，在线申请，在线放款，在线还款，授信额度自动扣减和恢复，创新融资方式。

三是外汇保证金售汇和存入创新。通过系统传递天津滨海农商银行制式《售汇申请书》，校验成功的业务按照实时汇率自动完成开证保证金售汇和存入。

3. 应用价值

综上，该项目通过将进口信用证及其项下贸易融资的一系列环节通过系统线上完成，实现了资金全封闭运行，并通过自动化处理和动态应急处理相结合，实现全流程风控，是真正意义上的具有"互联网＋"属性的投信业务，自 2017 年末上线以来，该平台合计开证 50 笔，金额 1771 万美元，押汇 50 笔，金额 1263 万美元，极大提高了金融服务效率，降低了企业运营成本，极具推广应用价值。

天津滨海农商银行再接再厉，借鉴该项目的成功经验，研发了可普及的贸易金融服务客户平台，并增加了跨境汇款功能，企业客户只需安装该行资金客户端，均可实现在线开证和跨境汇款。该项目现已投产，如能广泛应用必将进一步充分发挥天津港口经济作用，实现天津平行进口汽车及相关物流金融产业蓬勃发展。

（五）跨国公司外汇资金集中运营管理项下对外放款额度集中调配业务

自 2015 年国家外汇管理总局印发《〈跨国公司外汇资金集中运营管理规定〉的通知》（汇发〔2015〕36 号）以来，浦发银行天津

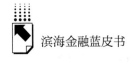

分行积极参与自贸区的金融创新，助力北京、天津、河北的共同发展，帮助企业搭建外汇资金运营管理，支持其经营发展。通过跨境外币资金池的搭建，可以帮助跨国企业集团统筹运营与管理境内外外汇资金，调剂境内外资金余缺，实现全球化的外汇资金有效配置。具体来讲，资金池可实现入池企业的境内外汇资金集中管理；实现境外外汇资金境内归集；通过调节对外信贷额度，实现境内与境外资金的顺畅跨境；实现经常项下集中收付汇业务。

截至目前，浦发银行天津分行已经为包括大型央企（主营石油）、国有企业（主营工业品制造）、融资租赁公司（主营飞机、交通运输工具等租赁）、金融租赁公司（主营飞机融资租赁）等大型跨国企业搭建了跨境外币资金池，可实现约 290 亿元人民币等值外币的对外放款。

1. 业务简介

以浦发银行天津分行为某金融租赁公司（主营飞机租赁）搭建的跨境外币资金池为例，浦发银行天津分行为该公司开立国际外汇资金主账户，并构建了包括境内三家企业、境外三家经营平台企业的跨境资金池。通过资金池，实现了对其境外 200 多家飞机租赁 SPV 公司资金的集中管理。

2. 创新亮点

通过外汇资金集中运营管理，既可以实现融资租赁公司母公司与 SPV 公司外债额度共享，便利调入境外低成本资金，其可集中调配的外债额度近 132.8 亿元人民币等值外币；也可以通过对外放款额度实现境内资金出境，帮助境外企业在境外债务偿还及临时补充流动性，其可集中调配的对外放款额度近 39.8 亿元人民币等值外币。

3. 应用价值

总体看，通过外汇资金集中的运营管理，可有力地解决跨国企业集团的跨境资金调配，降低企业的交易成本和制度性成本，显著提高自有资金的使用效率，同时满足大型跨国企业集团对跨境资金流动的迫切需要，从而更好地进行全球化布局。银行也进一步发挥金融机构的专业性，为企业量身打造金融服务方案，服务实体经营发展。

三　滨海金融产品创新的成因分析

从新技术展开期的生产主导型经济到导入期的金融主导型经济（或者相反），这一转换过程深刻地影响了金融领域创新的方向和强度。事实上，在每一阶段，增大账面财富的机会在量和质两个方面的变化影响着金融资本的行为。有时账面价值代表了真实财富；有时账面价值可能只是再分配的反常形式。通常这两种情况兼而有之，此消彼长。与创新的本质有关，同样的多变情况将会出现。

表 1 提出了一种金融创新的分类方式，它根据创新的主要目的进行分类，并按照对"实体"经济的有用程度为其排序。排在顶端的创新类型为企业和生产输送血液；排在下面的类型通过操纵账面财富从经济中吸取血液。

表 1　对金融创新的尝试性分类

金融创新的类型	金融创新的目的
A. 为新产品或新服务提供资本的工具	为重大创新服务（银行贷款、风险资本及其他）； 有助于进行大额投资和/或分散风险（股份公司、银行辛迪加等）； 满足基础设施投资的金融需求（既为建设也为运营）； 促进对新奇产品或服务的投资或贸易
B. 有利于增长和扩张的工具	为了增量创新或生产扩张（如债券）； 在不同情况下促进政府融资（战争、殖民地征服、基础设施投资、福利支出）； 向国外转移（或者创造）生产能力

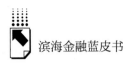

金融创新的类型	金融创新的目的
C. 金融服务自身的现代化	纳入新技术(通信、运输、安全、印刷等); 发展出更好的组织形式,并改善提供给客户的服务形式(从电报传输、个人支票账户和快速票据兑付,到自动出纳机和电子银行); 新金融工具或方法的引入(从支票到虚拟货币,本地、国内和国际服务,以及各种类型的贷款和抵押)
D. 追逐利润、分散投资和风险的工具	吸引小投资者的工具(各种形式的共同基金,存款凭证、债券、新股发行、"垃圾债券"); 鼓励并促进承担巨大风险的新工具(衍生工具、对冲基金及其他)
E. 为债务重新融资,或盘活资产的工具	重组债务或者重新调整现存的债权(流程再造,新兴市场债券,掉期交易及其他); 购买活跃的生产性资产(购并、联合、合并、接管、"垃圾债券"); 获取并盘活资产(房地产、贵重物品、期货及其他)
F. 有问题的创新	发现并利用法律漏洞(金融避风港、不记录在案的交易等); 发现并利用不完全信息:"钱生钱"(外汇套汇,提前与延期支付以及类似的交易); 没钱也生钱(从金字塔计划到内部人交易和直截了当地欺诈)

资料来源:卡萝塔·佩蕾丝著《技术革命与金融资本:泡沫与黄金时代的动力学》,中国人民大学出版社,2007。

A 型和 B 型创新与金融作为生产性投资的媒介这种基础作用有关。金融或者发起行动(A),或者促进增长和扩张(B)。

作为提供服务的活动,C 型创新改善了从银行到投资公司的金融界自身的表现,这属于一种服务性生产活动。

D 型创新可以看作金融服务的市场营销活动:它使大大小小可能的客户更加容易地参与投资活动,并且显然风险也更小。它们也帮助了初始贷款者在风险资本中分享利润,或是帮助成功的投资者在牛市上获取利润。

E 型创新针对有关现有资产或负债转手的金融服务,也就是说这类服务充当所有权转让的渠道。

最后，F 型创新是指金融界行动者可以参与的各种可操纵活动（大部分是合法的，尽管常常是不正当的）。其中，多数都是社会不想要却无法轻易遏制的。

在 20 世纪前 10 年的美国，银行普遍建立了有关投资的分支机构，使它们可以购买法律所禁止它们染指的股票，而这会给"储蓄者"的存款带来高风险。

各种类型的创新在每个阶段都可能发生，每种类型的发生频率都可能产生显著变化。每一阶段各有其特点，这些特点将引入特定类型的金融创新。滨海新区金融产品创新主要是为新产品或新服务提供资本的工具、有利于经济增长和扩张的工具，提供金融服务自身的现代化、分散投资和风险的工具，为债务重新融资，从而为企业与家庭的发展提供有力的金融支持与金融服务。通过金融产品创新将金融服务的"触角"延伸到过去被排斥在金融服务领域之外的弱势群体和企业。对于已经获得最低限度金融服务的对象，要进一步深化金融服务水平，推动金融知识普及教育，加强客户权益保护，以便金融产品服务对象能够做出正确的判断和选择。

四 滨海金融产品创新的未来展望

依托自贸区作为金融双向开放的试验平台，深化金融制度创新，促进金融业更高水平对外开放。大力推动人民币国际化、利率市场化和离岸金融市场发展。设立自由贸易账户体系，推动人民币跨境使用。做好外汇管理制度改革，不断推进人民币资本项目可兑换。

推动地方金融机构参与"一带一路"重点项目建设，为"一带一路"建设项目提供金融支持。发挥融资租赁聚集效应，支持先进

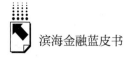

制造业走出去。充分利用金融手段支持境外产业园区建设，促进产业集聚发展。依托海港优势，大力发展航运金融产品、离岸金融产品。

有效落实京津冀协同发展战略，以高水平的决策抓住其为滨海新区带来的机遇。同时迎接其为滨海新区所带来的严峻挑战，大力吸引国际国内金融机构与金融资本，进一步打破监管壁垒，加强合作，协同发展，推动资金跨区域自由流动，增强金融创新运营能力，打造京津冀"世界级城市群"中的海上中心支点，成为具有较强国际竞争力和全球影响力的重要区域。

从市场来看，市场需求还是持续、稳定的，就租赁公司而言，金融服务需要更加深入、细致，持续推出经营性租赁业务，原来大家可能聚焦在传统的融资租赁业务，虽然经营性租赁业务对租赁公司、制造商合作伙伴都提出了非常高的要求，但是这种产品可以更好地服务于客户、满足市场需求。这种金融产品创新会极大地促进市场需求的释放，推动整个行业的发展。

B.3
滨海新区金融机构创新

郭 强 王文刚*

摘 要： 滨海新区凭借新区平台的港口区位优势、政策优势等，多年来不断创新和丰富金融业态，俨然已经成为当前国内金融创新最活跃的地区之一。本报告从融资租赁、商业保理、股权投资和管理公司以及其他类金融机构等数个方面具体描述了滨海新区金融机构创新的具体发展状况，对融资租赁和商业保理类金融机构创新的成因加以分析，并对滨海新区金融机构创新的前景进行展望。

关键词： 金融机构创新 融资租赁 商业保理 股权投资和管理公司

一 滨海新区金融机构创新概况

截至 2017 年 12 月，滨海新区内已经聚集了 9 家金融经营租赁法人机构，商业保理企业近 500 家，股权投资和管理机构 614 家，融资性机构 15 家，特别是聚集了各类租赁公司 2000 多家，合同余额

---

* 郭强，经济学博士，天津财经大学金融学院讲师，主要研究领域为货币政策、世界经济等；
王文刚，经济学博士，天津市银监局，主要研究领域为金融监管。

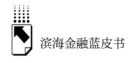

10000 亿元，占全国金融租赁公司资产总额的 1/3。滨海新区作为天津地区发展的引擎和龙头，同时承载着京津冀协同发展的战略地位，凭借新区平台的港口区位优势、政策优势等，多年来不断创新和丰富金融业态，已经成为当前国内金融创新最活跃的地区之一。

（一）期货风险管理公司成立

2017 年初，中电投先融（天津）风险管理有限公司在中心商务区落户，并完成中国期货业协会备案，成为在天津市成立的首家具有央企背景的期货公司风险管理子公司。

（二）融资租赁公司成立

2017 年，东疆保税港区租赁产业集群迅速扩张，全年新增租赁公司接近 500 家，内资租赁试点企业达到 57 家，占天津市七成。租赁飞机已经突破千架，成为全球第二大飞机租赁聚集地。全国 90%以上的飞机租赁、80% 以上的船舶租赁、100% 的海工平台租赁业务在天津自贸试验区开展。租赁标的物包括船舶及海工设备、医疗器械、建筑设备、电力设备、轨道机车租赁、新能源、无形资产等领域，呈现板块多元化的格局。

由盘锦建投旗下盘锦汇金投资发展有限责任公司、盘锦辽东湾惠誉达置业有限责任公司出资的天津宏锦租赁有限公司成立，注册资本 1.7 亿元，主要用于机械设备的融资租赁业务。

爱尔兰香侬发动机支援有限公司发动机租赁项目正式落户东疆保税港区，该项目是东保税港区引进落户的首家外资飞机发动机租赁公司。

中信海洋直升机股份有限公司出资的中信海直融资租赁有限公司在中心商务区成立，注册资本 2 亿元。主要开展航空器等设备融资租赁业务。

安龙租赁有限公司出资的安龙融资租赁（天津）有限公司在东疆保税港区设立，开展飞机保税租赁业务，该公司的金融创新之处在于境外飞机租赁公司将资产所有权放在境内。

香港国际航空租赁有限公司出资的维港明珠（天津）融资租赁有限公司在东疆保税港区设立，开展飞机保税租赁业务，该公司的金融创新之处在于境外飞机租赁公司将资产所有权放在境内。

沣邦融资租赁（上海）有限公司、CPE China Leasing Investment (BVI) Limited 共同出资的沣邦融资租赁（天津）有限公司在中心商务区成立，注册资本 2.3 亿元，主营业务为全国范围内汽车售后回租和零售直租等。

渤海轮渡股份有限公司出资的天津渤海轮渡融资租赁在东疆保税港区注册成立，该公司将重点开展高端船舶、豪华邮轮、港口设备等融资租赁业务。

由华泰汽车集团有限公司联合华信超越控股有限公司、珠海市源盛通达投资有限公司、惠州亿纬锂能股份有限公司在中心商务区注册成立，注册资本是 20 亿元。

安徽安振产业投资集团有限公司在东疆保税港区注册成立安振（天津）融资租赁有限责任公司，初期注册资金 2 亿元。该公司的主营业务是汽车行业、高新技术、医疗教育等领域设备租赁。

深圳市安林珊资产管理有限公司出资设立天津星河鼎兴租赁有限公司，落户中心商务区，注册资本 10 亿元。

2017 年 11 月，天津国泰金融租赁公司在滨海中心商务区正式成立并投入运营。该公司由华泰汽车集团有限公司和华信超越控股公司、珠海市源盛通达投资公司、惠州亿纬锂能股份公司联合出资筹建，总共注资 20 亿元，天津国泰金融租赁公司是天津市第二家民营金融租赁公司，也是滨海新区第一家厂商系金融租赁公司，对于丰富新区金融业态、推动租赁业务创新具有重要意义。

（三）融资租赁公司获得增资

天津恒通嘉合融资租赁有限公司获得增资。设立于东疆保税港区的天津恒通嘉合融资租赁有限公司获得易车、腾讯、京东、百度四家互联网公司投资，首期完成注资1.1亿美元，由此该公司总注册资本达1.6亿美元。经过此次增资，天津恒通嘉合融资租赁有限公司有助于实现线上线下业务联动，打造汽车行业新型互联网金融产业链。

一汽租赁完成增资，业务实现快速增长。注册于东疆保税港区的一汽租赁有限公司将注册资金增到5亿元，一汽租赁有限公司于2016年7月取得内资租赁试点企业资质，在全国范围内从事汽车融资租赁业务。

（四）股权投资公司与基金公司成立

投资管理、股权投资基金、资产管理、金融服务外包、金融科技等领域聚集了一大批国有企业、外资企业和知名民营企业出资设立的公司，形成了显著的新金融发展特色。

天津海河产业基金启动。海河产业基金分为引导基金—母基金—子基金三级架构：由天津市政府出资200亿元设立政府引导基金，吸引金融机构、企业和其他社会资本共同发起设立多只产业投资母基金，形成1000亿元左右规模的母基金群；母基金再通过发起设立若干子基金等方式，进一步放大基金功能，力争撬动社会投资5000亿元。在基金投向上，聚焦高端装备制造、新一代信息技术、航空航天、新材料等十大支柱产业，并对海洋工程装备、高档数控机床、集成电路等七大新兴产业给予大力支持。

天津国有资本投资运营有限公司成立。天津市国资委与天津渤海国有资产经营管理有限公司共同出资组建的天津国有资本投资运营有限公司在中心商务区正式成立。天津国有资本投资运营有限公司以市场化、资本化的产融结合方式加强资本运作，推进混合所有制改革，放大国有资本功能，在有效化解过剩产能的同时全面提升国有企业的活力和竞争力，全面助力国有企业深化改革。

天津市华侨华人创业投资基金在滨海高新技术产业开发区成立。天津市海河产业基金以投资未来产业基金形式出资1亿元，滨海高新区出资5000万元的天津市华侨华人创业投资基金在滨海高新技术产业开发区成立，天津未来产业创新基金的基金管理人是该基金的基金管理人。

由天津滨海新区中心商务区投资集团有限公司、光控安石（北京）投资管理有限公司和长城证券股份有限公司出资，注册资本200.1亿元的天津滨建城发投资合伙企业（有限合伙）设立，以光控安石投资公司作为管理人，重点投资中心商务区、天津开发区、中新生态城的城市基础设施建设项目。

长江租赁下属投资公司成立。长江租赁下属投资平台在中心商务区设立天津鼎福投资合伙企业（有限合伙）、天津鼎骏投资合伙企业（有限合伙）、天津鼎荣投资合伙企业（有限合伙）、天津鼎迈投资合伙企业（有限合伙）、天津鼎振投资合伙企业（有限合伙）等5家投资类机构，注册资本153.5亿元，主要承担长江租赁跨境并购的相关职能。

中冀投资股份有限公司在中心商务区设立天津中冀融鑫企业管理合伙企业（有限合伙）、天津中冀汇鑫企业管理合伙企业（有限合伙）、天津中冀汇智企业管理合伙企业（有限合伙）、天津中冀丝路企业管理合伙企业（有限合伙）、天津中冀汇誉企业管理合伙企业（有限合伙）、天津中冀融智企业管理合伙企业（有限合伙）、天津中冀汇信企业管理合伙企业（有限合伙）、天津中冀汇德企业管理合伙企业（有限合伙）等8家投资机构，注册资本合计8000万元。

由新加坡伟联资产管理有限公司和东莞信托有限公司出资设立天

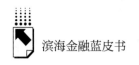

津莞联投资合伙企业（有限合伙），注册资本 3.3 亿元，主要用于对天津市区优质不动产项目进行股权投资。

由山东高速投资控股有限公司和华融信托股份有限公司出资设立的山东高速华信（天津）股权投资基金管理有限公司在中心商务区成立，注册资本 2000 万元，未来将发起设立股权投资基金合伙企业，投资于优质的产业项目。

首京建设投资基金管理（北京）有限公司和中信证券股份有限公司出资设立首京建投建发（天津）投资合伙企业（有限合伙），注册资本 50 亿元，为中信建投和首京建设服务北京重大基础设施建设的投资平台，主要用于旧城改造项目。

首京建设投资基金管理（北京）有限公司、中诚信托有限责任公司、银隆新能源股份有限公司等企业在中心商务区共同发起设立首京建投银隆（天津）投资合伙企业（有限合伙），注册资本 20.001 亿元。该企业主要用于投资银隆新能源项目。

天津航裕投资合伙企业（有限合伙），注册资本 10.1 亿元，由天津燕山投资管理有限公司和海航资本集团有限公司出资在中心商务区设立，主要对交通运输业、旅游饭店业、文化艺术业、体育行业等行业进行投资。

中车资本（天津）股权投资基金管理有限公司、中车资本管理有限公司、同方金融控股（深圳）有限公司、建信（北京）投资基金管理有限责任公司、三峡资本控股有限责任公司共同出资设立中车同方（天津）股权投资基金合伙企业（有限合伙）在中心商务区注册，资本合计 9.625 亿元，主要对未上市企业投资、对上市公司非公开发行股票投资。

北京控股集团在中心商务区设立北控南南添富（天津）投资合伙企业（有限合伙）、北控南南君泰（天津）投资合伙企业（有限合伙）、北控南南富升（天津）投资合伙企业（有限合伙）、北控南南通安（天津）投资合伙企业（有限合伙）等 7 家投资类公司，注册资本合计 7 亿元，主要用于投资水利、水处理以及环境治理等相关项目。

吉林市城际高速铁路投资有限公司和国文资产管理有限公司出资在中心商务区设立国湖联合（天津）股权投资基金管理有限公司，注册资本 1000 万元，主要投资优质产业项目。

山东高速（上海）投资控股有限公司和青岛磐霖投资有限公司出资在中心商务区设立山东高速嵩信（天津）投资管理有限公司，注册资本 2000 万元。

紫石资本投资管理有限公司在中心商务区设立辉泽（天津）投资有限公司，注册资本 5 亿元，主要从事跨境投资业务。

中国化工资产公司下属机构出资在中心商务区设立宏图一号（天津）股权投资基金合伙企业（有限合伙），注册资本 2.2 亿元，主要从事投资中国化工集团内部土地整理、产业结构调整和升级的各类项目。

中冀投资股份有限公司出资在中心商务区设立天津中冀永泰资产管理有限公司，注册资本 1 亿元，主要用于资产管理业务。

联想集团在空港经济区建设联想集团创投总部，包含基金管理公司、基金企业、打印机、智能眼镜、企业云、智慧医疗等系列子项目，累计总投资超过 50 亿元，入区办公人数约 200 人。该项目将成为联想集团在全球的第 3 个二级总部，并在新一代信息技术、智能制造、互联网经济等新业态方面助推天津"一基地三区"建设。

易生金服控股集团有限公司出资在中心商务区设立易生远景（天津）投资管理有限公司，注册资本 1 亿元。

中集海洋工程有限公司 100 亿元海工产业基金落户东疆港，将用于投资海上钻井平台、海工设备等。

合伙人为天津燕山投资管理有限公司、海航资本集团有限公司的

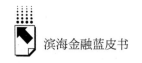

天津德投投资合伙企业（有限合伙）在中心商务区成立，注册资本30.1亿元。该合伙企业主要承担海航集团跨境并购相关投资职能。

中国通信服务股份有限公司出资在中心商务区设立通服资本控股有限公司，注册资本5亿元，主要对邮政业、信息技术服务业、信息传输业、软件业、金融业、租赁和商务服务业等进行投资。

北控衡石（天津）投资管理有限公司在中心商务区发起设立北控中天（天津）投资合伙企业（有限合伙），注册资本20.002亿元；北控西证（天津）投资管理有限公司，注册资本3000万元，主要对制造业、水利管理、生态保护和环境治理、商务服务、房地产、农业、文化艺术、科技推广以及应用服务等行业进行投资。

华融津投（天津）股权投资基金管理有限公司和华融（天津自贸区）投资股份有限公司共同出资设立华融融汇（天津）投资合伙企业（有限合伙）、华融融宇（天津）投资合伙企业（有限合伙），两家机构注册资金均为1亿元。

江苏新城实业集团有限公司出资设立的轩康股权投资基金管理（天津）有限公司在中心商务区落户，该公司注册资本1亿元，主要开展受托管理股权投资企业，以及投资管理相关咨询服务。

三峡资本控股有限责任公司、三峡建信（北京）投资基金管理有限公司联合建信信托有限责任公司出资在中心商务区设立三峡清洁能源股权投资基金有限合伙企业，注册资本50.01亿元。

中国通信服务股份有限公司出资设立的通服资本控股有限公司目前落户中心商务区。据了解，该公司注册资本5亿元，主要对邮政业、信息技术服务业、信息传输业、软件业、金融业、租赁和商务服务业等进行投资。

HH Cowell Limited和珠海高瓴天成股权投资二期基金（有限合伙）共同出资设立高济（天津）投资有限公司，落户中心商务区，注册资本1亿美元，专门从事医疗行业的投资。

天津金海胜创业投资管理有限公司、天津渤海国有资产经营管理有限公司、天津市万顺置业有限公司、华融融通（天津）股权投资基金合伙企业（有限合伙）等机构出资设立天津海胜御美投资合伙企业（有限合伙），落户中心商区，注册资本7亿元。

狐狸金服金融科技集团（香港）有限公司出资设立，狐狸金服投资有限公司，在中心商务区设立，注册资本1亿元。

IDG能源中心商务区设立天津荣泰成长投资管理有限公司、天津运泰成长投资管理有限公司两家机构，注册资本2000万元，为IDG能源在区内设立的用于发起设立投资类合伙企业的管理公司。

狗不理集团股份有限公司与CGAM PTY LTD出资设立天津吉尚宏康股权投资基金管理有限公司，落户中心商务区，注册资本1000万元。

三峡建信（北京）投资基金管理有限公司和浙江南都电源动力股份有限公司主要发起设立三峡南都储能投资（天津）合伙企业（有限合伙），落户中心商务区，注册资本6亿元。

江苏新城实业集团有限责任公司注资设立轩康股权投资基金管理（天津）有限公司，落户中心商区，注册资本1亿元，主要开展受托管理股权投资，以及投资管理相关咨询服务。

光大实业投资管理（天津）有限公司和光大实业资本管理（深圳）有限公司在中心商务区设立光大五号（天津）投资中心（有限合伙）、光大七号（天津）投资中心（有限合伙）两家机构，注册资本合计2亿元，主要对环保科技、网络科技、医疗技术、制造业进行投资。

中菊资产管理有限公司、雏菊金融服务股份公司和北京菊华投资基金管理中心共同出资设立天津菊华股权投资基金管理有限公司，落户中心商务区，注册资本1亿元。

中海祥（天津）投资有限公司、石家庄蓝天环境治理产业转型

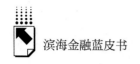

基金有限公司共同出资设立汇祥蓝天（天津）投资合伙企业（有限合伙），落户中心商务区，注册资本5亿元。

亿达集团出资设立天津亿达鸿赢投资合伙企业（有限合伙），落户中心商务区，注册资本1亿元。

国联产业投资基金管理（北京）有限公司出资设立国联投资管理（天津）有限公司，落户中心商务区，注册资本2000万元。

为IDG资本与海河基金、富士康集团共同发起设立的天津爱奇鸿海智慧出行股权投资基金有限合伙企业，落户中心商务区，注册资本1.01亿元，该公司主要从事先进制造业、智能汽车产业等相关领域的投资。

三峡建信（北京）投资基金管理有限公司、三峡资本控股有限责任公司共同出资设立的三峡睿源创新创业股权投资基金（天津）合伙企业（有限合伙）落户中心商务区，注册资本6.01亿元。

中铁七局、中铁资本、招商证券资产管理共同出资设立天津中铁七局招银投资管理合伙企业（有限合伙），落户中心商务区，注册资本3.5亿元。

中源怡居（北京）投资基金管理有限公司、北京居然之家投资控股集团有限公司共同出资设立天津中源享居股权投资基金合伙企业（有限合伙）、天津中源智居股权投资基金合伙企业（有限合伙）、天津中源智居成长股权投资基金合伙企业（有限合伙）、天津中源乐家成长股权投资基金合伙企业（有限合伙），落户中心商务区，注册资本均为1亿元。

中铁建资产管理有限公司、深圳市招银前海金融资产交易中心有限公司共同出资设立铁建宏图（天津）投资管理有限公司，落户中心商务区，注册资本2000万元。

北京京东金融科技控股有限公司设立天津泰东恒盛投资管理有限公司、天津联能同升投资管理有限公司，落户中心商务区，注册资本均为1000万元。

首京建设投资基金管理（北京）有限公司、中诚信托有限责任公司、银隆新能源股份有限公司等企业共同发起设立首京建投银隆（天津）投资合伙企业（有限合伙），落户中心商务区，注册资本20.001亿元。

国联产业投资基金管理（北京）有限公司、北京昆仑华油科技发展有限公司及北京世纪地和控股有限公司共同设立国联能源产业投资基金（天津）合伙企业（有限合伙），落户中心商务区，注册资本1亿元，主要从事中石油旗下能源产业的投资。

北控南南（天津）投资管理有限公司出资设立北控南南君创（天津）投资合伙企业（有限合伙）、北控南南君和（天津）投资合伙企业（有限合伙）、北控南南君科（天津）投资合伙企业（有限合伙）、北控南南君控（天津）投资合伙企业（有限合伙）、北控南南君悦（天津）投资合伙企业（有限合伙），落户中心商务区，注册资本均为1亿元。

海航资本集团有限公司出资设立天津恒信汇通投资有限公司、天津华晟永盈投资有限公司、天津华昱永丰投资有限公司均由海航资本集团有限公司出资设立，落户中心商务区，注册资本均为10亿元。

中电建（北京）基金管理有限公司、北京中电建壹号投资合伙企业（有限合伙）和中电建路桥集团有限公司共同出资设立中电建路桥投资（天津）合伙企业（有限合伙），落户中心商务区，认缴规模38.161亿元。

（五）商业保理公司成立

滨海新区是中国发展商业保理业务较早的城市，近年来利用产业政策的扶持，改善制度环境，加速发展。滨海新区已经成为国内商业保理产业的聚集区和发展最突出的区域之一。截至2017年底，在滨

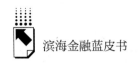

海新区批准设立的商业保理试点企业数量累计达到 489 家，注册资本总额达 647.9 亿元。

2017 年 4 月，中船重工商业保理有限公司项目在滨海自贸区落地，投资方为中国船舶重工集团投资有限公司和中船资本控股（天津）有限公司，双方共同向该公司注资 2 亿元。

民信资本投资管理有限公司发起设立民信商业保理有限公司，注册资本 20 亿元，主要业务为以受让应收账款的方式提供贸易融资，应收账款的收付结算、管理与催收等。

深圳市安林珊资产管理有限公司出资设立天津星河商业保理有限公司，落户中心商务区，注册资本 20 亿元。

潍坊港集团有限公司和潍坊滨海投资发展有限公司出资设立潍坊港（天津）商业保理有限公司，落户中心商务区，注册资本 1 亿元。

融创房地产集团有限公司出资设立融创和泰（天津）商业保理有限公司，落户中心商务区，注册资本 1 亿元。

重庆进出口信用担保有限公司的内资保理项目——信惠商业保理有限公司在东疆注册成立，注册资本为 1 亿元。该项目将以汽车制造和汽车销售为业务方向，拓展上游供应商，开展供应商车辆零部件向整车厂销售所产生的应收账款保理业务。

江苏新城实业集团有限公司出资设立逸锟商业保理（天津）有限公司，落户中心商务区，注册资本 2 亿元。

上海摩山商业保理有限公司出资设立的天津摩山商业保理有限公司在东疆保税港区设立，注册资本 5000 万元。

中国医药投资有限公司全资设立的国药朴信商业保理有限公司在东疆保税港区注册成立，注册资本 1 亿元。

（六）保险公司与保险经纪公司成立

长久实业集团有限公司出资设立的天津汇长久保险经纪有限公

司，落户中心商务区，注册资本 5000 万元，该公司将作为一家专业的保险经纪公司开展业务。

建信人寿保险股份有限公司天津分公司入驻中心商务区，将对保险机构的批量入驻起到示范效应，极大地助力于家堡保险示范基地建设。

（七）地方资管公司成立

由天津正信集团有限公司牵头，联合上海混沌投资（集团）有限公司、北京中科金财科技股份有限公司、佰融资产管理有限公司等八家机构在中心商务区设立天津滨海正信资产管理有限公司，于 2016 年 11 月 24 日下发营业执照，实缴注册资本 10 亿元，成为天津市第二家获批的地方资产管理公司，其核心业务定位为不良资产批量收购处置。

（八）天津国资信用增进有限公司成立

天津国有资本投资运营有限公司出资设立的天津国资信用增进有限公司，落户中心商务区，注册资本 100 亿元。天津国资信用增进公司的成立是天津市国资领域运用市场化手段打造国有企业供给侧结构性改革的支持平台，天津国资信用增进公司将运用多样化增信和投资工具，为天津市经济转型升级提供有效的金融服务。

（九）中船重工典当有限公司成立

中船资本控股（天津）有限公司和中国船舶重工集团投资有限公司出资设立中船重工典当有限公司，落户中心商务区，注册资本 2 亿元，并在响螺湾中船重工大厦实地办公。

（十）天津中互金数据科技有限公司成立

天津中互金数据科技有限公司，注册资本 500 万元，由中国互联

网金融协会出资设立，为中国互联网金融协会在商务区设立的金融数据信息平台。中国互联网金融协会旨在规范我国互联网金融行业发展，强化业内机构自律管理，规范行业机构市场行为，保护行业合法权益，推动互联网金融行业更好地服务社会经济发展。天津中互金数据科技有限公司作为协会的科研平台和技术基地，主要负责互联网金融协会业务信息系统的软件开发、测试、集成等技术工作；互联网金融行业 IT 公共基础设施建设；互联网金融行业创新模式研究、创新成果展示和转化等。通过技术的创新，逐步形成互联网金融行业的大数据中心和云计算中心。目前，中国司法大数据研究院已与天津中互金数据科技有限公司达成战略协作意向，双方将在"共筑金融风险防线"和"联合惩戒失信被执行人"领域积极开展合作，为我国互联网金融行业的健康发展和防范金融风险提供诸多帮助。

二 滨海新区金融机构创新的成因分析

滨海新区多年来系统性打造出适于租赁业发展的政策环境。近三年来，无论在国家层面还是区域层面，都出台了多个支持天津自贸区发展的鼓励政策，这也为新区租赁业先行先试发展提供了强大的政策支撑。中国人民银行出台《关于金融支持中国（天津）自由贸易试验区建设的指导意见》，国家外汇管理局出台《关于在天津东疆保税港区开展经营性租赁业务收取外币租金试点的批复》，保税区出台《推动融资租赁服务高端制造业发展实施意见》，多项政策举措带动高端制造业和创新性金融业务在滨海新区开展，构建完善融资租赁服务保障体系。目前，天津自贸试验区"金改 30 条"已经基本落地，175 项制度创新举措进入实施阶段，大宗商品现货保税交易、海关特殊监管区域间保税货物流转监管模式、融资租赁公司收取外币租金等10 项创新模式和经验已在全国展开推广。

融资租赁创新政策建立和实施，对于滨海新区融资租赁业发展，无论是在理论顶层设计还是实践操作层面，都创建了一个更加完善的金融制度环境，为满足企业融资需求、创新租赁产品提供了更广阔的空间。同时，滨海新区也正积极筹备建造全国性的租赁资产流转交易平台，提供租赁物权属登记查询以及司法保障、融资租赁公司接入人民银行企业征信系统、融资租赁公司兼营保理试点等 10 余项政策试点和业务模式创新，进一步培育与国际接轨的租赁行业发展环境，打造融资租赁业"新区样板"，迎接租赁业创新发展新浪潮。

租赁行业"龙头"企业落户、开展创新业务带来集聚效应。融资租赁业已经成为滨海新区的"金字招牌"，对于业内企业来说，滨海新区是发展融资租赁业的最好选择。国家级租赁和新金融产业园的建成投用，为东疆租赁业的聚集发展和租赁模式创新提供了载体支撑。目前意向进驻产业园的企业聚集了包括租赁公司、保理公司、基金和资产管理公司、银行金融机构、律师事务所、会计事务所等在内的上下游企业，对金融和租赁产业链完善发挥了重要作用。此外，产业园还将积极引入外汇、司法、仲裁、公证等相关机构和协会团体，为产业链条发展提供专业指导和优质服务。今后，新金融产业园有望成为滨海新区融资租赁和新金融产业的创新动力平台，成为我国金融租赁产业经验模式推广示范中心。

投资管理、股权投资基金、资产管理、金融服务外包、金融科技等领域聚集了一大批国有企业、外资企业和知名民营企业出资设立的公司，呈现显著的新金融发展特色。如表 1 所示，在供给侧方面，从长远来看，在赶超阶段的投资政策，在向金融发展型经济与生产主导型经济转变过程中，建立一个与当地需要投资的初创企业联系密切的民间风险投资网络是十分有必要的，投资阶段从 VC、PE、Pre-IPO 到并购、重组、IPO，为推动经济转型升级提供引擎。滨海新区国有企业、外资企业和知名民营企业出资设立投资管理、股权投资基金、

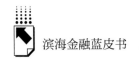

资产管理、金融服务外包、金融科技等公司，为天津经济转型提供必要的发展动力。

表1　在赶超阶段的投资政策

政策目标＼政策层次	基础设施	金融资本	生产能力	技能/劳动生产率	技术基础
制造企业/单个部门	解决基础设施不足的激励措施；私营企业基于成本而建设基础设施的激励机制；投资者有权使用土地的政策	促进跨国公司的供应链贷款/担保计划	促进重点投资，包括出口导向型投资；与激励挂钩绩效要求	匹配和商业联系的计划；供应商发展/培训计划	PPP/与专业投资者联合研发规划
制造体系/跨部门	优先发展制造业或跨部门能力的经济特区；聚焦经济特区标杆企业和开发商的招商引资	以促进外国分支机构将收益再投资于生产性资产	促进以价值链为目标的制造业设施投资；供应商发展计划	与激励挂钩的绩效要求：例如技能培训	基于成本激励方案，促进采用信息通用技术与升级制造业
产业体系(包括支持/基础设施服务)	促进贸易成本降低的基础设施部门投资(例如国际运输基础设施)	促进金融业FDI/加强金融部门治理，改善中小企业供应商的融资渠道	投资便利化(投资者管理程序、治理)	加强投资者与教育机构之间的联系	—

资料来源：UNCTD，"World Investment Report 2018," http：//unctad. org/en/PublicationsLibrary/wir2018_ en. pdf。

需要说明的是，"经济特区"这个词从广义上涵盖了所有类型的园区，例如自由贸易区、出口加工区、工业园区、经济技术开发区、高新区、科技创新园、自由港、企业区等等。通常来说，成功的经济特区可以带来两种类型的益处，在一定程度上解释了其受欢迎的原因：一是"静态"的经济利益，例如创造就业机会、增加出口、政府收入和外汇收入；二是"动态"经济利益，例如劳动技能提升、技术转移和创新、经济多元化、当地企业生产力提升。

三　滨海新区金融机构创新的未来展望

海河产业基金管理公司已经开展项目营销及储备工作，重点工作方向包括三个：一是围绕天津各区县找项目，以市、区两级联动引导基金支持重点项目建设，比如国企混合所有制改革项目；二是关注异地上市公司的优质产业资源，创造本地优越的营商环境，为本地上市公司的发展提供沃土；三是围绕银行、PE、招商等途径寻找项目。实行市场化运作和财政补贴双重机制，激发社会资本投资活力，培育出千亿元级新兴产母基金群，从而做大做强战略性新兴产业。

天津国资信用增进有限公司将沿着资产资本化、资本证券化、产权混合化、投资主体多元化的方向发展，专注于信用增进业务、股权投资、基金投资和其他资本运营业务。

加快推动建立融资租赁资产交易市场。租赁公司可以通过资产证券化等多种方式，把资金的最终使用者与资金的提供者直接联系在一起，既可融通资金，也可节约融资成本。形成融资租赁企业持续稳定的资金来源是当前中国租赁业持续、快速、健康发展的重要条件。通过租赁资产转让、租赁资产支持证券化（ABS）和租金收益权支持证券化等，不仅可提升租赁资产的流动性，而且可为中国租赁业的加速发展提供长期、稳定、低成本、直接的资金来源。所以，建立一个集中、统一、专业、高效的融资租赁资产交易市场就显得非常重要。东疆保税港区进一步推进租赁政策制度创新，推动金融政策创新，强化政策配套优势，加快国家租赁创新示范区建设，形成与国际接轨的租赁业发展环境，打造"东疆名片"。

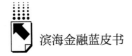

新区内商业保理公司应加强与各种金融机构合作，创新融资渠道和模式。探索与商业银行、证券公司、基金公司等金融机构合作模式，开展再保理、定向资产管理计划、集合资金信托计划、中小企业私募债、资产收益权凭证等融资产品和模式的创新。

滨海新区将在保理企业结售汇、退税款等外汇管理政策方面，保理企业开展国际保理业务和信用体系建设等方面，继续推动保理行业创新发展。

B.4
滨海新区金融市场创新

郭 强[*]

摘 要： 2017年，滨海新区各类金融市场有序发展，天津股权交易所服务水平迈上新台阶，天津滨海柜台交易市场积极服务中小企业，我国首家全国性PPP资产交易平台在天津成立，第十一届"融洽会"意向融资数百亿元，天津地方债在上海证券交易所成功发行，天津科技成果转化交易市场正式运营，天津科技金融路演中心高新区揭牌成立，天津自贸区影视文化投融资服务平台揭牌，滨海新区各类金融交易市场设计新的金融工具增加估值的透明度，并促进企业资本的筹集，成为创业的催化剂和有效的风险管理工具，为中小企业提供优质金融服务，帮助好的想法转化为新技术、新产业和新的工作机会。

关键词： 资本市场 天津股权交易所 天津滨海柜台交易市场

一 滨海新区金融市场创新概览

（一）天津股权交易所服务水平迈上新台阶

天津股权交易所持续推进制度创新、产品创新，努力搭建面向中

---

* 郭强，经济学博士，天津财经大学金融学院讲师，主要研究领域为货币政策、世界经济等。

小微企业涵盖融资、规范、培育、展示等功能的综合金融服务平台，使市场整体服务水平迈上新台阶。

1. 天津股权交易所设立天津大科技板

2017 年 4 月，天津股权交易所第 127 届企业挂牌仪式在天交所武清服务中心举行，9 家优秀中小微企业登录天交所市场。天交所天津大科技板同日揭牌，3 家企业与天津股权交易所完成签约，登录到该板块。

天津大科技板由天津股权交易所联合天津市科技工作者创新创业服务中心与天津百能科技发展有限公司共同设立。其中，天津股权交易所将利用市场优势为企业提供培育孵化、融资规范等综合金融服务；天津市科技工作者创新创业服务中心将通过该板块为全市科技型企业、大学生创业者和科技工作者提供创新创业相关的综合性平台服务；天津百能科技发展有限公司将发挥自身科技领域领军企业带头作用，为板块内企业提供战略咨询、成长指导、资源对接等服务。

2. 天津股权交易所中国新兴软件产业板正式设立

2017 年 10 月，天津股权交易所举行中小企业合作联盟新一批企业签约仪式，共迎来 13 家优秀中小微企业，天交所中国新兴软件产业板正式设立。中国新兴软件产业板由天津股权交易所与福建顶点软件股份有限公司共同设立。顶点软件于 2017 年 5 月 22 日在上交所上市，是国内金融软件领域内的领先企业。此次双方合作设立新板块旨在培育孵化更多优秀的软件类企业通过天交所市场并借助上市公司的优势资源，实现做大做强。

3. 企业在天津股权交易所挂牌

2017 年 8 月，缘得文化、喆厚丰、旭飞传媒等优秀中小微企业在天津股权交易所挂牌。天津股权交易所市场规模在国内场外交易市场中持续领先，旨在帮助更多中小微企业享受到多层次资本市场的实惠。

2017 年初以来，天津股权交易所持续推进制度创新产品发展，努力搭建面向中小微企业涵盖融资、规范、培育、展示等功能的综合金融服务平台，不断加强七大功能中心对所有挂牌企业的服务力度，使市场整体服务水平迈上新台阶。截至 2017 年 8 月，天津股权交易所路演中心完成了对近 20 家优秀挂牌企业的尽职调查，将优秀项目推送给国内主流投资机构。经过大量对接，建邦基金已经与两家天津股权交易所挂牌企业签订了投资意向协议，还有一家投资机构与天津股权交易所 A 板挂牌企业天津龙火影视娱乐科技股份有限公司签订了 1200 万元投资意向协议。天津股权交易所基金中心积极为挂牌企业提供并购重组服务，完成了对 6 家上市公司和 18 家被并购标的的专业分析，出具了并购建议书。

2017 年 12 月 28 日，天津股权交易所新一批企业挂牌仪式成功举行，52 家企业成功加入天交所中小企业合作联盟，至此，天交所市场累计加盟企业数量已达 1691 家，市场规模继续稳步扩大。如图 1 所示，截至 2017 年 12 月 31 日，天津股权交易所累计挂牌企业 1435 家。其中，股份有限公司挂牌企业 733 家，展示板挂牌企业 702 家。天津股权交易所投资人总数为 43623 户。其中，自然人投资人 42635 户，机构投资人 988 户。天津股权交易所市场现有各类注册服务机构共 5 类 160 家。其中，保荐服务机构 59 家、督导服务机构 18 家、会计师事务所 37 家、律师事务所 21 家、其他服务机构 25 家。

天津股权交易所已设立包括众创板、特色行业板、绿色建筑板在内的十余个特色行业板块，通过聚集行业资源，为特定行业中小微企业提供更高效、更符合企业个性化需求的综合服务。在信息披露制度方面，天津股权交易为规范挂牌企业行为，建立诚信档案，并监督服务机构按时提交现场检查报告；挂牌企业累计披露定期报告 10142 份，包括挂牌交易公告、三会公告、停复牌提示、重大事项及其他自愿披露信息在内的各类临时披露报告 15659 份。在企业培育方面，天津股权交易所

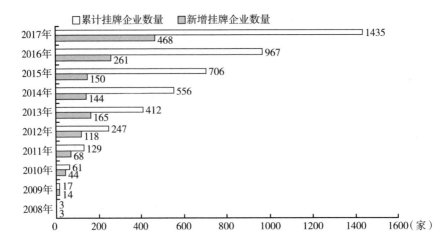

图1　天津股权交易所挂牌企业数量

资料来源：天津股权交易所。

积极搞好挂牌企业的市场化培育，举办研讨班66期，挂牌企业董秘培训65期，多次开办企业上市、高管培训及其他多种类型服务培训，曾组织多批次优秀挂牌企业出国考察促进对接海外资本市场。

截至2017年底，天津股权交易所累计实现各类融资总额合计308.21亿元。其中，直接融资93.77亿元，挂牌前私募42.76亿元，后续增发51.01亿元；间接融资214.44亿元，股权质押融资92.80亿元，带动银行授信贷款121.64亿元，天津股权交易所市场累计总成交量为30.57亿股，累计总成交金额为68.40亿元；累计挂牌企业总股本377.11亿股，总市值1233.25亿元。

截至2017年7月，天津股权交易所挂牌企业已披露的年报有效数据分析显示，2016年挂牌企业实现平均营业收入8578.36万元；2016年实现盈利（净利润为正）企业在已披露年报样本中占比70.93%，盈利企业2016年实现整体净利润总额12.30亿元，平均净利润1007.84万元。截至2017年底，天津股权交易所市场已有多家企业摘牌，启动到创业板、主板或海外上市程序；7家企业被上市公司并购间接上市，1 家企业被同行优势企业并购，超过 20 家挂牌企业完成对同行业企业并购重组。

（二）天津滨海柜台交易市场积极服务中小企业

2017 年，天津滨海柜台交易市场（天津 OTC）持续发力服务实体经济，以服务天津市中小微企业为主线，努力打造天津优质中小微企业的形象展示平台、融资服务平台、资本助推平台和上市培育平台，致力建设融资功能完备、服务方式灵活、运行安全规范、投资者合法权益得到充分保护的区域性股权市场，全面升级融资对接和培育辅导两大市场功能，着力构建适合天津市中小企业成长壮大的资本市场生态圈。天津滨海柜台交易市场新加直通板，将特色行业板块设立专板如高新区专板、国企专板等，为各行业公司提供专业服务。其中，高新区专板对应高新区"新四板创通票"，开创了国内四板市场的天津模式，全年推动支持 241 家高新区优质企业登陆资本市场。

在原有融资服务、培育辅导、股权转让等综合服务基础上，天津 OTC 推出了"一封信、一个号、一张网"的"三个一"服务项目，建立了企业和机构的 ECSP 管理服务系统，壮大了近千家投融资机构和培训机构参与的"投融资联盟"和"培训联盟"，开设了线上移动端运营服务大厅，举办了"企业家沙龙""路演特训营"等系列培训活动，搭建网络服务大厅，累计融资对接金额近 170 亿元。不断创新的融资产品、培育课程和服务模式得到了广大挂牌企业的认可，逐渐形成了区域性股权市场服务的天津标准。

2017 年 8 月 25 日，天津 OTC 东丽运营中心签约揭牌暨 OTC 专题培训在区科技金融大厦举行。主要经营股权、债权、和对接三项大型业务，丰富了我国场外交易市场，推动了资本市场多层次发展，并且还增设成长板、科技板、创新板和众创板等业务板块，具有丰富的机构投资群和中介服务机构群。OTC 东丽运营中心作为东丽区上市

挂牌企业的"摇篮"和帮扶企业发展的重要抓手，动员科技创新企业积极参与，不断推动东丽区科技产业做大做强。

由天津滨海高新区管委会与天津 OTC 联合推出，全国首创的创通票新四板服务包在年初成功试运行后，于 2017 年 5 月正式发布，当月挂牌高新区企业 30 家，日均挂牌 1 家。服务包采用"政府购买"的模式，节省了企业挂牌费用，让企业在享受高品质政府补贴服务的同时，也能更有效引导中介机构提高服务质量。目前，创通票服务包模式正逐步被其他省市学习推广。

（三）首家全国性 PPP 资产交易平台在天津成立

为推进政府和社会资本合作（PPP）事业规范健康发展，我国首家全国性 PPP 资产交易平台——由财政部政府和社会资本合作中心与天津金融资产交易所合作共建的天津金融资产交易所"PPP 资产交易和管理平台"于 2018 年 2 月 28 日在天津成立。

天津金融资产交易所"PPP 资产交易和管理平台"是对 PPP 项目从发起、融资、建设、运营到退出整个生态链的充实和完善，有助于解决当前 PPP 项目普遍面临的社会资本准入门槛高、信息不对称、资产流动性差等问题，这不仅规范天津地区 PPP 项目的发展，同时也对全国走向规范化道路起到示范和引领作用。

财政部政府和社会资本合作中心主任焦小平介绍，经过近 3 年的探索实践，PPP 已成为地方政府稳增长、调结构、促改革、惠民生、防风险的重要抓手。截至 2016 年底，中国 PPP 综合信息平台入库项目 11260 个，总投资 13.5 万亿元；签约进入执行阶段的项目 1351 个，总投资 2.2 万亿元。

（四）第十一届"融洽会"意向融资数百亿元

2017 年，第十一届中国企业国际融资洽谈会在津举办。本届融洽会除了达成近550亿元的意向融资额，还充分利用京津冀协同发展给予天津的重要窗口期，设置了富有特色的"五大板块"。一是论坛板块。在本届融洽会上，12场高端论坛在两天里集中举行，议题紧跟时代热点，覆盖私募股权、投资并购、融资租赁、科技金融、互联网金融等领域，受邀参会的政界和业界具有影响力的领导、知名学者、专家出席论坛并发表演讲，揭示发展规律，引领行业风向，为参会者带来权威、专业的政策理论指导。二是资本对接板块。融洽会为投资机构、中介机构、创业基地等众多参会机构组织对接专场，促使双方面对面进行对接，寻找高品质业务伙伴，为投资机构与融资企业搭建资金融通的桥梁。三是路演推介板块。将综合企业路演、创新金融产品推介等合作项目进行集中路演、推介和发布。四是产品及成果展示板块。记者在融洽会现场发现，展示内容包括天津自贸试验区、"一带一路"、"京津冀"、"环渤海"区域省市项目展区，上市企业展区，金融机构展区，众创空间展区等，将市场前沿的高新技术与创新金融产品同时呈现，实现资本与市场无缝连接。五是合作交流板块。包括领军人物恳谈会、基金之夜交流会、参观考察、网球联谊比赛等活动，为投融资双方提供轻松自由的交流环境。

在本届融洽会期间，滨海新区平行进口汽车商会与国内多家金融租赁公司签署了合作协议。未来有了资金支持，自贸试验区平行进口汽车行业将进一步得到可持续发展。据悉，平行进口车行业在发展中也经常面临资金瓶颈，而汽车融资租赁将很好地解决这一问题。所谓"汽车融资租赁"，通俗来说是一种"以租代购"的模式，由租赁公司为客户购买指定车辆，并签订车辆租赁合同，客户在租赁期限内获得车辆的使用权，并按约定向租赁公司支付租金，其间车辆注册在租赁公司名下，此时所有权归租赁公司所有，但当租期届满并且用户缴清所有租金以后，所有权转至用户所有。与会专家纷纷表示，以现金分期付款的方式，引入出租服务中所有权和

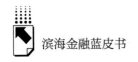
使用权分离的特性，相较贷款购车业务，融资租赁可以降低购车门槛，大大扩增用户群。

（五）天津地方债在上海证券交易所成功发行

2017 年 9 月 1 日，天津市财政局通过财政部上海证券交易所政府债券发行系统成功公开招标发行 344.42 亿元地方政府债券，这是其继 6 月在上海证券交易所政府债券发行系统成功发行 208.59 亿元政府债券之后，第二次在上海证券交易所发行地方债。两次债券发行都得到投资者的充分认可，提高了投资价值与配置价值，丰富投资者类别。

第一批次发行的债券，从期限来看，3 年期一般债发行规模为 34.89 亿元，利率为 3.84%；5 年期一般债发行规模为 37.28 亿元，利率为 3.79%；7 年期一般债发行规模为 39 亿元，利率为 3.89%；10 年期一般债发行规模为 30.72 亿元，利率为 3.9%；7 年期专项债发行规模为 66.7 亿元，利率为 3.95%。

第二批次发行的批债券包括 83.83 亿元政府一般债券、27.59 亿元政府专项债券及 233 亿元土地储备专项债券。从期限来看，3 年期为 20 亿元，利率为 3.78%；5 年期为 28.56 亿元，利率为 3.87%；7 年期为 35.27 亿元，利率为 4.01%。专项债券发行结果：专项债券 7 年期为 27.59 亿元，利率为 4.13%。

（六）滨海新区累计上市企业超过百家

截至 2017 年底，滨海新区新增沪、深交易所上市及新三板挂牌企业 19 家，完成全年任务的 112%；新增上报企业 21 家，完成全年任务的 162%；累计新增完成股改企业 104 家，完成全年任务的 153%；累计新增启动股改企业 111 家，完成全年任务的 139%；累计培训有股改上市意愿企业 575 家，完成全年任务的 115%。截至

2017 年 12 月底，滨海新区累计实现沪深上市及新三板挂牌企业达130 家。

2017 年，滨海新区金融局和各功能区组织了近 20 场培训活动，575 家企业接受了企业股改上市挂牌及项目融资、企业管理等方面的专项培训。此外，借企业登录沪深交易所之契机，组织新区拟上市挂牌后备企业、各功能区及街镇相关负责同志赴沪深交易所进行体验式培训及上市交流活动，同时汲取沪深交易所专家讲授资本市场与企业上市方面的专业知识。天津市金融局联合新区金融局、各功能区派出代表和沪深交易所人员一起行动，实地走访重点上市后备资源企业，与企业高管就挂牌上市过程中实际问题进行深入交流。通过实地走访交流，拟上市挂牌企业负责人再次清晰了上市规划，了解了 IPO 申报流程和 IPO 审核要点，对走向资本市场充满信心。

（七）天津科技成果转化交易市场正式运营

天津科技成果转化交易市场于 2017 年 6 月正式成立。该市场已经聚集了 20 余家国内外知名科技中介服务机构，为天津市科技型企业与海外 400 余家企业、科研机构等各类创新机构搭建了对接合作平台，与来自北美、欧洲、亚洲等 12 个国家的 20 余家机构发起成立了"一带一路"技术转移协作联盟，启动了天津瑞士中心武清、东丽"双核"格局建设，形成了高水平国际技术转移聚集区。

天津科技成果转化交易市场由市科委与滨海新区政府合作共建。交易市场可以为天津市科技型企业引入海外资源，使那些有进行跨境并购、跨境交易需求的企业借此在海外市场上实现"软着陆"，通过对科技成果的转移，帮助企业挖掘更大的发展潜力。为了促进研发活动与国际接轨，进一步开展技术贸易，交易市场计划引入国外的创新人员与国内的合作方完成对接。

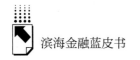
（八）天津科技金融路演中心高新区揭牌成立

2017年3月，天津科技金融路演中心在高新区揭牌成立，同时启动了第一期天津科技企业投融资常态化路演。参与路演的4家企业的视频和商业计划书通过上网直播，向全国3200多家投资机构的8000余位专业投资人进行了精准推送。科技金融服务中心依托以路演、论坛、联盟、培训、沙龙为主的多种活动形式，服务基础资本需求、四板、新三板、拟主IPO四级企业群体，带动以股权投资、债权融资、融资租赁、投贷联动、保理金融、金融担保共六类金融产品的组合，最终实现一个中心、多个服务平台的专业科技金融服务功能。

天津科技金融路演中心的成立，作为科技部火炬中心、深交所与高新区启动科技型中小企业成长计划2.0的一项重要举措，旨在为科技型中小企业提供全方位、全生命周期的融资和综合辅导服务。

（九）天津自贸区影视文化投融资服务平台揭牌

滨海新区中心商务区与鑫银科技集团股份有限公司签署了战略合作协议，双方合作的"天津自贸区影视文化投融资服务平台"项目正式揭牌。山东金融资产交易中心、浦发银行、八戒金融等合作方纷纷表示将积极参与平台建设，与鑫银科技联合签署战略合作协议，将共同为平台做好资本支撑。参与各方充分利用自身行业优势，提高各类资本对影视产业关注度，助力解决影视产业资金需求。在影视产业金融市场发展规划中，继续打造"互联网＋影视＋金融"的三位一体，引入新兴金融模式，建立灵活、高效的影视产业金融产品交易平台，推动影视产业与互联网金融协调发展，打破传统金融壁垒，促进影视产业金融产品市场的发展。

二 滨海新区金融市场创新成因分析

中小企业被广泛认为是就业、创新、生产力和经济增长主要贡献者。如果增长阻碍被消除，这些企业将会有助于中产阶级的扩大。拥有足够数量的中小企业有助于建立供应链、贸易和投资，打造全球市场动态企业群。

但是，阻碍资本流向中小企业存在几大重要困难。退出投资十分困难。缺乏发达的市场与股权购买者，对于想退出投资的投资者是具有挑战性的问题。投资者通常被迫持有这些投资，因为比起努力寻找买家或者等待企业拿出足够的资金来说，持有投资将是理想的。在其他条件相同的情况下，投资时间越长，总体的收益越低，因此，退出困难使投资者不敢把钱投在这些市场上。

中小企业收益与风险调整不完全。由于缺乏可靠的信息，基金管理人被迫花费大量的时间和精力去寻找潜在投资者并熟悉公司的财务状况。获得投资后，中小企业常常需要从基金管理人那里得到大量重要的技术帮助来提高它们的经营水平。结果，这些类型的投资是时间和资本密集型的，导致投资者追求高投资回报率。这些商业投资者倾向于把钱投到别处或者转向利润更大的市场。历史上中小企业的绝大多数资金来自多边和双边发展基金机构。基金需要想办法吸引更多的私人投资者投资于规模小且正在成长的企业。

投资者和中小企业之间存在信息不对称。发展机构和国家政府对于什么是中小企业的定义不同，导致缺乏对这一行业的全面和可比的数据，使得投资者很难评估。投资者不愿意投资一个没有为业绩建立标准的行业，与此同时，企业家没有找到有效的方式开发资金资源。显然，有必要更好地联系双方来促进在这些市场的投资。信息技术方面的创新，比如数据压缩和存储技术，可以更好地索

引、存储、检索小型企业数据，为这些市场提供一个更加有效的信息流。

采用结构性融资工具能够拓宽中小企业的投资基础，使不同的投资者投资适合自己的风险偏好和预期回报的投资产品，因此允许更多的投资者参与到投资领域，激励投资者给中小企业提供资金，并由此降低投资者的风险。

在所有金融创新中优先的是对信息技术更好的使用，克服对公司的信息不对称以及提高投资者与这些公司的融洽程度。信息基础设施是必不可少的。它会让投资者和企业家相匹配，由此增加中小企业的融资数量并减少交易成本。中小企业的高质量财务和业绩数据将会促使投资者做出更加理智的决策。

滨海新区各类金融交易市场设计新的金融工具以解决信息不对称（某些市场参与者拥有信息，而另外一些市场参与者没有信息的情形，这会造成市场缺乏效率，交易成本过高）为己任，增加估值的透明度，并促进企业资本的筹集，成为创业的催化剂和有效的风险管理工具，为中小企业提供优质金融服务，帮助好的想法转化为新技术、新产业和新的工作机会。

创新是一个综合性的、累积性的、不确定的过程。之所以说是综合性的，是因为它需要不同层级、不同分工的众多劳动者，运用技能付出努力，有组织地学习合作才能产生有竞争力的产品。之所以说是累积性的，是因为在有竞争力的产品能够被生产出来之前，必须长期不间断地发展和利用创造价值的能力。之所以说是不确定的，是因为力求创新的企业可能无法实现技术转化，无法进入市场，所以其产品也无法保证比同类竞争者的产品在质量或价格上保持优势。

资金投入保证了金融资源能够持续支持综合性、累积性的创新从开始投资于生产能力，直到生产能力被开发利用并能够生产出竞争力强的产品而获得经济回报。整个过程都需要资金支持一个战略管理者做出的最关键的投资决定，是对公司整体技术基础的投资。技术基础能够开展组织性研发，从而生产出高品质的产品，这是竞争优势的本质。对于有利可图的企业，保留的盈利额代表公司的经济投入实力，这个经济实力始终保障生产能力的投资，直到公司能生产出竞争力强的产品。对于创新型企业来说，以现金红利或者股权回购的方式对股东分配收益必须受到资金投入的限制，这种投入要针对包括整体技术在内的生产性资源，从而生产出竞争力强的产品。在此过程中，完善公司治理，使得企业健全"保有—再投资"的资源分配机制，在注重股东利益的同时，兼顾公共利益。

三　滨海金融市场未来展望

从资本市场的层次看，完成股改的企业主要在四板市场挂牌，部分条件较好的企业挂牌新三板，可以推向沪深市场的企业较少。滨海新区金融局将会同有关部门及功能区、街镇进一步充实后备资源，加大对后备资源的培育力度，着力提高中介机构对后备资源的服务水平。鼓励新区企业充分利用多层次资本市场直接融资，加大中小微企业贷款风险补偿工作力度。支持区内企业率先发行房地产信托投资基金（REITs），打造全国房地产信托投资基金运营示范区。

产业专项政策的强势推出和影视金融产品的创新成果无一不显示出中心商务区扶持影视企业的力度和发展文化产业的决心。影视与金融结合的创新空间很大，天津自贸区迈出了关键性的一步，希望影视文化产业在金融产业的支持下，能进一步完成自身的行业规范、业务升级和创新发展。

天津金融资产交易所"PPP 资产交易和管理平台"将依托天津金融资产交易所这一平台，为各地政府提供 PPP 咨询、规划、招投标、项目监管评价等一揽子解决方案；为 PPP 项目设计方、建设方、

运营方、金融机构提供 PPP 项目资源对接；为 PPP 资产持有方提供资产交易转让服务。与此同时，推动碳排放权、排污权以及保险资产等交易市场建设。

完善促进股权投资基金发展政策，支持有条件的地区高起点建设基金产业园和基金小镇，大力培育发展天使投资、创业投资、私募股权投资、产业投资基金等各类股权投资基金，促进企业股改上市挂牌，服务产业转型升级。积极发展新型金融业态，培育和引进一批具有行业影响力的互联网金融企业，支持设立互联网保险服务机构。

持续推进自贸试验区金融改革创新，推动人民币跨境业务创新发展，加快推进资本项目可兑换先行先试，逐步扩大自贸试验区内企业借用中长期国际商业贷款专用额度，进一步放宽跨国公司开展外汇资金集中运营管理条件。大力发展直接融资，推进企业上市挂牌融资，完善落实全市支持企业上市挂牌各项政策，推动各类企业利用资本市场加快转型升级、技术改造和科技创新。推进金融服务"一带一路"建设，打造国际航运金融服务中心。加强金融债务风险管理，稳妥做好企业金融债务风险化解工作，强化金融风险监测分析，有效防范重点行业、重点领域风险。

专题报告

Special Reports

B.5

天津发展天使投资研究

李向前　丁博辉　王　刚　薛　玉[*]

摘　要： 天使投资作为一种"非正式的风险投资"，对中小企业突破"融资难、融资贵"的发展瓶颈有至关重要的作用。天使投资可以为天津市新型高新技术产业的发展提供资金支持，促进天津经济的发展，但天津的天使投资目前仍处于起步阶段，发展面临诸多问题。本报告详细总结了发达国家如美国、英国、日本以及国内发展较好的地区如北京市、上海市、浙江省及深圳市关于天使投资的成功经验。分析了天津市天使投资的发展现状、制约因素，找出与发达地区的差距

* 李向前，经济学博士、教授、博士生导师，现任天津财经大学学科建设办公室副主任、中国滨海金融协同创新中心副主任，主要研究领域为金融监管、金融创新、货币政策；丁博辉，天津财经大学金融学院研究生，研究方向为金融创新；王刚，天津财经大学金融学院研究生，研究方向为金融监管；薛玉，天津财经大学金融学院研究生，研究方向为金融创新。

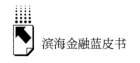
并结合天津的实际问题，提出天津发展天使投资的建议。

关键词： 天使投资　中小企业　高新技术产业

一　绪论

（一）天使投资概述

天使投资一词起源于纽约百老汇的演出捐助。"天使"这个词是由百老汇的内部人员创造出来的，被用来形容百老汇演出的富有资助者，他们为了创作演出进行了高风险的投资。1978 年，Wetzel 第一次使用"天使"来描述那些支持这些企业的投资者，这一称呼被后人普遍接受，将投资人称为"天使投资人"。天使投资是权益资本投资的一种形式，是指富有的个人出资协助具有专门技术或独特概念的原创项目或小型初创企业，进行一次性的前期投资，为国内中小企业的发展提供资金支持，为引进高新技术产业提供契机。天使投资被称为"非正式的风险投资"，与风险投资的比较如表 1 所示。

表 1　天使投资与风险投资的比较

区别与联系	天使投资	风险投资
投资活动的主体	天使投资人	风险投资家
资金来源	天使投资人自有资本，金额较小	投资者募捐的风险资金，金额较大
主要投资阶段	初创期（种子期、早期）	初创期、成长期、扩张期
风险评估方式	根据自身经验和专业知识进行评估，有形成天使投资团队的趋势	风险投资者组成专业团队
对创业企业参与管理及监督程度	天使投资人有很强的意识会主动参与企业的管理	多数为企业提供增值服务，参与意识较差
二者之间的联系	天使投资与风险投资均可为企业提供资金支持、发展资源、管理经验，引导企业健康高速发展	

天使投资具有以下特点。天使投资的金额一般较小，而且是一次性投入。美国规定了天使投资人的总资产一般在100万美金以上，或者其年收入在20万~30万美金。天使投资的门槛较低，有时即便是一个创业构思，只要有发展潜力就能获得资金，其发展对于种子期的企业无疑是福音。天使投资的风险较大，要求回报率高。天使投资通常会找一个在5~7年的投资期内提供20~30倍回报的投资项目。考虑到投资成功率以及投资周期，天使投资实际内部收益率为20%~30%。

天使投资的发展模式主要有天使投资基金、孵化器形式的天使投资、投资平台形式的天使投资。天使投资基金是指将单个的投资人以团队或者基金的形式组合起来，使得机构化天使的作用得到最大限度的发挥。孵化器形式的天使投资指将政府主导的孵化器或企业型的孵化器与天使投资相结合，运用创立基金财政资金等作用促进高新技术产业的发展，实现科技成果的转化。投资平台形式的天使基金是指利用互联网优势设立了平台型投资基金，为平台上有潜力的创业公司提供资金支持和其他丰富的资源。

（二）天使投资对经济发展的驱动机制

1. 天使投资拓宽了企业的融资渠道，为中小企业提供了资金支持

中小企业作为经济发展的主要增长点，是我国国民经济的重要组成部分。2015年末，全国工商登记中小企业超过2000万家，个体工商户超过5400万户，中小企业占全国企业总数的比例高达99%，中小微企业对GDP的贡献超过65%，税收贡献占到了50%以上，出口超过了68%，吸收了75%以上的就业人员（数据来自中商情报网）。以非公有制为主体的中小微企业是我国经济增长的重要推动力量，

能够有效地利用各地方资源，发展地方经济，解决地方从业人员的就业问题。2014 年我国国家统计局监测公报明确指出，现行标准下，中国还有 7017 万贫困人口，要在 2020 年全部脱贫。要想达到这一预期目标不能只靠政府救济，根本方法是大力发展地方经济，激发老百姓自身动力，解决他们的就业问题，让其真正参与到建设中来。要想解决近 7000 万贫困人口的就业问题，必须依赖遍布全国各地的中小企业。

随着中小企业的数量不断增加，如果其发展过程中所需要的资金链的衔接出现问题，中小企业融资难融资贵的问题就会成为制约其发展的一大瓶颈。我国大多数企业的资金来源于银行信贷，但是银行贷款倾向于大城市、大项目、低风险的大中型企业，而中小企业资本规模小、抗风险能力差、信用保证欠缺，发展前景不易判断，银行惜贷，中小企业很难从银行获得贷款，转而将资金来源聚焦至民间借贷，但是民间借贷利息较高，可贷资金远不能满足企业需求。天使投资作为非正式风险投资，具有数量多、运作方式灵活，甚至能为企业带来联系网络等特点，由资金所有人直接投资于企业，比任何一种融资方式都更为直接、简便，成本更低，符合处于种子期或初创期的中小企业的资金需求，有利于中小企业拓宽融资渠道，为融资提供便利。

2. 天使投资为创业企业提供管理经验，提供资源平台

创业者在公司创立初期除了资金问题外还会碰到公司内部管理机制不健全、营运模式的选择、知名度低、不被社会公众接受导致营销渠道打不开等一系列的难题。尤其是对于首次创业者来说，没有经验可循，只能"摸着石头过河"，想让公司快速步入正轨，进入健康发展的营业模式需要成功人士的指导和资金支持。

天使投资的显著特征是天使网络的出现。天使网络是由天使投资人组成的一种非正式组织，为天使投资人提供了一个互相交流经

验、分享信息、寻找机遇的平台。天使网络的成员间形成了不同的投资团队，团队成员中不乏具有知名公司创业经验的成功企业家、具有管理经验的高层管理人士、具备完善销售渠道结构的营销人士等。创业者不仅能获得天使投资团队的资金支持，还能得到这些成功人士关于管理企业、资本运营、市场开拓等方面的丰富经验及广阔的人脉。天使投资人在资金投入的同时，还可以对创业者进行有针对性的创业辅导，帮助创业者建立正确的公司组织结构、运营和管理模式，提供销售渠道和人脉资源，使企业用最短的时间走上正轨，更好地发展。

3. 天使投资是调整产业结构、转变经济增长方式的新动力

调整产业结构使三次产业协调发展，是当前我国经济转型中一个十分重要的问题。调整产业结构是我国实现经济稳定持续发展的一个根本条件，是提高经济效益的一个主要途径，更是转变经济增长方式，促进社会发展的一个重要因素。中国产业结构调整主要表现为产业结构优化升级，在相关政策支持引导下过剩产业加速出清，新兴产业加速发展，提升装备业自主创新能力，提高服务业的附加值。

在我国经济转型机制中，产业结构的调整必须紧紧依靠创新驱动，去除传统的高耗能高污染的产业，大力引进创新型技术产业。而天使投资的发展能够解决创新型企业的前期资金需求问题，推动现代高新技术产业快速发展。尤其在移动互联网行业，得到了天使投资的大力推动，如搜狐、小米、聚美优品、乐视网等都有天使投资和天使投资人的身影。中关村迅速崛起的多个新兴产业也是如此。中国天使投资与中关村的"天使圈"有着密切的联系。随着新兴产业的发展，创造诸多岗位可以在一定程度上解决社会的就业问题。根据美国风险投资行业协会的研究，现代就业岗位75%的增量来源于风险投资所投资的企业。

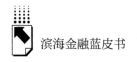

同时，在创新创业过程中，天使投资人正在发挥着创业文化启蒙引导的作用，包括教化商业文明、教化商业伦理、丰富商业文化，倡导用智慧、财富创造优势，倡导创造商业逻辑。

二 文献综述

（一）国外关于天使投资的文献综述

国外对天使投资研究开始较早。在 1978 年，Wetzel 完成了一项开拓性研究：在美国如何增加企业的原始资本。他首次将这些企业的支持者称为"天使"，且后来对 1985 年之前的天使投资行为进行了研究并整理成综述。随后，Freear 和 Wetzel 对 1985～1992 年的关于天使投资的市场行为理论和改善其工具、技术及行为的实践问题进行了研究。20 世纪 80 年代末，Harrison、Mason 开始研究英国的天使投资。随后，天使投资研究在国际发展起来，涉及的国家包括加拿大（Farrell，Feeney et al.）、挪威（Coveneyand Moore）、日本（Tashiro）、阿根廷（Pereiro）、新加坡（Wong and Ho）、瑞典（Avdeitchikova）、智利（Chandraand Narczewska）、意大利（Capizzi and Tirino）等。

为了克服非正式投资者的隐性障碍，解决企业寻找天使的高搜索成本等相关问题，欧美一些发达国家设立了"商业天使网络"（Business Angel Networks）——主要是为非正式投资者和企业家提供一座信息沟通、谈判的桥梁，便于实现投融资目的，大量的学者也开始研究天使网络。1992 年以后，尤其是进入 21 世纪不断有学者针对天使投资具体发展策略进行了研究探讨，对前人的研究进行总结。Colin M. Mason、Richard T. 提出对于天使投资，政府应该参与进来，进一步干预，以消除障碍，使更多的小公司能够利用可用的大量天使融资。国外对天使投资尤其是市场行为方面开展了深入的调查研究。

（二）国内关于天使投资的文献综述

从国内对天使投资的研究中可以看出我国天使投资的发展情况。我国对天使投资的研究起步较晚，从 21 世纪初开始，国内学者开始研究天使投资及天使投资基金。2003 年刘曼红教授出版了《天使投资与民间资本》，首次对天使投资的概念、特征、标准、起源及过程进行了系统性的介绍，具体阐释了何为天使投资，为何进行天使投资以及如何进行天使投资，将天使投资这一新兴的民间资本投资与其他投资方式进行了对比，让国人开始了解天使投资。接下来一些学者对天使投资的理论研究主要是总结国外天使投资的发展模式与发展经验，推进天使投资在中国的发展。比如 2005 年李姚矿和杨善林分析了国外关于天使投资的理论成果，希望能发展我国天使投资的理论研究为今后的实践过程作指导。

随后，一些学者研究天使投资如何在中国发展的实际问题。2006年前后，国内诸多学者开始研究如何利用天使投资解决科技企业及中小型企业的融资问题。如，潘莉芳在《搭建民间资本与中小企业融资的桥梁——天使投资》中首先指出天使投资在国外的成功发展，然后分析中国的市场环境有利之处，在此基础上结合中国实际，说明了天使投资作为搭建民间资本与中小企业融资桥梁的重大作用，进而提出我国发展天使投资的对策和建议。学者杨行翀结合国情并借鉴西方国家的成功经验，从政府行为、投资者行为、创业者行为三个方面论述天使投资在中国的发展之路，真正创造出一个能够让天使投资者积极投资的环境。

随着高新技术企业的发展和互联网的普及，有些学者如任磊在《基于互联网的我国天使投资发展研究》中在对我国天使投资

网络化发展现状进行实证分析的基础上，借助互联网发展天使投资以支持高新技术产业。近几年，天使投资市场活跃度持续火爆，学者开始研究如何更好地利用天使投资促进我国金融发展和经济发展。诸如政府补贴对天使投资的作用分析；税收政策对天使投资的发展作用；"天使基金＋孵化器"等研究比比皆是。在经过高净值个人主导天使投资的 1.0 时代、专业风险投资机构主导天使投资的 2.0 时代和行业领导企业投资创业公司的 3.0 时代后，2015 年天使投资迎来 4.0 时代，这是全民参与的股权众筹时代。总之，随着天使投资在我国的不断发展，学者们对天使投资的研究也在不断深入。

三　中国天使投资的现状

北京民营科技实业家协会在 2007 年 7 月的《中关村科技园区天使投资发展环境研究报告》中指出，"中国最早的天使投资起源于 1986 年开始实施的'863 计划'和 1988 年开始实施的'火炬计划'，这是两个由政府主导的投资于种子期的天使投资计划"。从中可以看出，政府推动了中国早期的天使投资。2000 年之后，互联网、信息技术等高科技领域的发展，带动了全球的创业和早期投资热潮。一些在欧美发达地区学习和工作的"海归"回国创业并开始在国内尝试"天使投资"。从 2012 年开始，天使投资在中国开始迅猛发展。越来越多的资金雄厚的成功企业家和对中国市场感兴趣的外国人开始进行天使投资，逐渐出现各种天使投资人聚集的组织和平台。

处于起始阶段的中国天使投资，相关税收政策仍存在不足。同时，由于天使投资的高失败率、周期长等特性，中国正在摸索相应的税收政策来刺激社会潜在投资人对创业者进行支持，推动中国发展创新事业。2015 年 3 月 2 日，《国务院办公厅关于发展众创空间推进大众创新创业的指导意见》（国办发〔2015〕9 号）要求，"发挥财税政策作用支持天使、创业投资发展，培育发展天使投资群体，推动大众创新创业"；3 月 24 日，《中共中央国务院关于深化体制机制改革加快实施创新驱动发展战略的若干意见》进一步要求，"对包括天使投资在内的投向种子期、初创期等创新活动的投资，统筹研究相关税收支持政策" 和 "研究扩大促进创业投资企业发展的税收优惠政策"。

（一）中国天使投资的规模

从图 1 中可以看出，中国天使投资市场近几年发展迅速，尤其在 2015 年，发展速度惊人。2015 年中国天使投资市场投资总量为 101.88 亿元，较 2014 年增长了两倍多。2015 年天使投资的案例数量为 2075.00 起，较 2014 年增长 171%。而且仅 2016 年前 11 个月的天使投资金额总量就超 2015 年全年，可见国内天使投资的热情不减。

天使投资在投资方面发挥巨大作用。根据清科集团统计，2016 年前 11 个月共发生 1844.00 起天使投资案例，低于 2015 年全年总投资案例数，降幅约为 11.13%；2016 年前 11 个月披露投资案例金额约为 116.62 亿元，赶超 2015 年全年总投资额，上涨幅度约为 14.47%。2016 年前 11 个月的平均单笔投资金额为 632.43 万元，为 2015 年单笔平均投资金额的 1.29 倍。2016 年前 11 个月天使投资单笔平均投资额呈现大幅上涨趋势，天使投资机构逐步增强对早期投资的布局，通过增加投资额的方式获得被投企业较高占股率，从而获得后期高额退出回报。但国内企业估值泡沫化也是导致早期投资金额上涨过快的又一诱因，从而引发天使投资 "脱实向虚" 的问题。

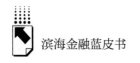

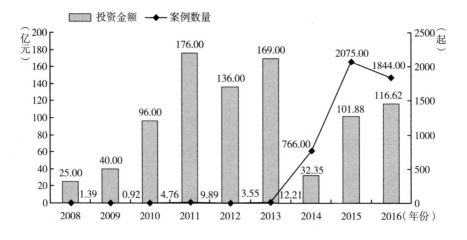

图1 2008～2016年11月中国天使投资市场投资总量情况比较

注：2016年为1～11月的数据。
资料来源：清科数据库。

（二）我国天使投资的行业分布

根据清科集团统计，如图2所示，2016年1～11月获得天使投资行业分布前三位的分别为互联网、IT和娱乐传媒行业；获投案例数分别为463起、306起和209起，占全行业融资案例数约五成。所披露金额分别约为33.22亿元、17.31亿元和8.66亿元，占全行业天使投资额约五成。TMT行业依旧是天使投资的主流行业，主要用于以技术为导向的企业，其收入、利润、现金流的变化区别于线性变化的传统制造业，发展速度及获得下一轮融资的速度远高于其他行业。此外，信息技术进步是经济长期增长潜力最为重要的因素之一，互联网革命完全重构了全球经济格局和产业格局，为国内产业升级和经济可持续发展注入新动能，成为一国经济接轨国际发展的重要途径。

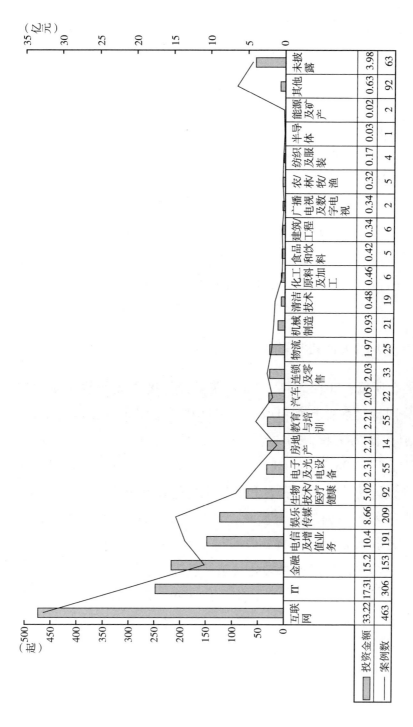

	互联网	IT	金融	电信及增值业务	娱乐传媒	生物技术及医疗健康	电子及光电设备	房地产	教育与培训	汽车	连锁及零售	物流	机械制造	清洁技术	化工原料及加工	食品和饮料	建筑工程	广播电视及数字电视	农林牧渔	纺织及服装	半导体	能源及矿产	其他	未披露
投资金额	33.22	17.31	15.2	10.4	8.66	5.02	2.31	2.21	2.21	2.05	2.03	1.97	0.93	0.48	0.46	0.42	0.34	0.34	0.32	0.17	0.03	0.02	0.63	3.98
案例数	463	306	153	191	209	92	55	14	55	22	33	25	21	19	6	5	6	2	5	4	1	2	92	63

图 2 2016 年 1~11 月中国天使投资市场一级行业投资分布

资料来源:清科数据库。

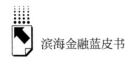

此外，娱乐传媒和金融行业发展也较为强劲。金融旗下细分行业消费金融、区块链金融、社区金融已然成为新风口。2016 年 8 月 24 日，被称为"科技金融行业宪法"的《网络借贷信息中介机构业务活动管理暂行办法》出台，1 个多月后，国务院办公厅印发《互联网金融风险专项整治工作实施方案》。多项政策法规的齐出台，从制度层面为科技金融行业的规范发展确立了准则，为科技金融有序发展和创新发展提供法律依据。随着"80 后""90 后"逐渐成为社会消费力量的构成主体，个性化时代的悄然来临促使网红经济业态的诞生。由于资本强势介入，推动网红经济业态的快速发展，娱乐传媒旗下的直播行业迅速爆红，2016 年被誉为"中国网络直播元年"，直播行业的快速发展反作用于娱乐传媒行业，不断帮其引入新资本。

（三）中国天使投资的区域分布

如图 3 所示，2016 年 1 ~ 11 月获得天使投资案例数最多的三个地区分别是北京、上海和深圳。根据清科集团旗下私募通统计，三地分别获得 739 起、301 起和 150 起投资，披露金额分别约为 39.97 亿元、27.03 亿元和 8.23 亿元。北京依旧以大比分优势遥遥领先位列全国榜首，人力资本和研发机构的较高集聚水平、高强度的创新投入和知识创造的规模化，致使北京成为"大众创业，万众创新"极其活跃之地。同时，北京加大高校科研支持力度，构建创新组织模式，畅通成果转化渠道，从而进一步激发高素质人群的创新创造活力。除北京之外，浙江地区表现也非常优异，其在获投金额方面，力超深圳位列全国第三。主要由于浙江地区民间资本资源丰富，多处基金小镇的建立助其进一步盘活民间资本，增强资本聚集且资本利用率得到一定提升，为浙江地区的天使投资注入发展新动能。

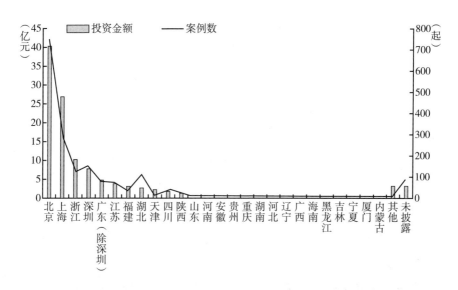

图3 2016年1~11月中国天使投资市场投资区域分布

资料来源：清科数据库。

北京成为全国天使投资最活跃的地区。中关村自2011年起率先在全国设立了天使投资引导基金。截至2016年10月，已与投资机构合作设立了17只子基金，引导基金出资近1.6亿元，基金总规模为15.3亿元，资金放大近10倍。上市公司及挂牌企业中，大量拥有闲置资金与创业成功经验的人士开始加入天使投资人的行列，初步形成了创业者—企业家—天使投资人的良性循环。目前活跃在中关村的天使投资人已超过1万名，占全国的80%。天使投资更催生了滴滴出行、美团等一批估值超过10亿美元的"独角兽"企业。目前，中关村"独角兽"企业已超过40家，在全球仅次于硅谷。

面对宏观经济下行趋势压力，中关村的企业纷纷加大研发经费投入，在前沿领域布局，提高未来竞争优势。此外，北京市2014年出台的《中关村国家自主创新示范区天使投资和创业投资支持资金管理办法》中规定，对在中关村示范区开展天使投资的天使投资机构，根据其投资于中关村示范区企业的实际投资额，按一定

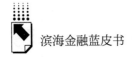
比例给予补贴专项资金。政府对科研的关注和政策的支持为天使投资人营造了良好的投资环境，推动了科技创新与社会资本紧密结合，促进创新创业企业发展，培育战略性新兴产业集群快速发展。

上海创业投资有限公司是做天使投资项目最多的机构，是一家真正符合 VC 投资规律的机构。在上海，市政府已建立天使投资引导基金和创业投资引导基金，并制定风险补偿政策，鼓励创投机构投资早期创业项目。它坚持政府支持原则与定位，以母基金的模式按照有限合伙制原理，先后发起了 20 只子基金，用 6 亿元的资金带动引导了社会 30 亿元的资金，一共投资了 300 多个项目，其中 90% 为早期项目。另外，上海市自 2016 年 2 月 1 日起施行《上海市天使投资风险补偿管理暂行办法》，有效期两年。其中规定：对投资机构投资种子期、初创期科技型企业，最终回收的转让收入与退出前累计投入该企业的投资额之间的差额部分，给予一定比例的财务补偿。可以看出，此办法很好地优化了现有的风险补偿政策，更好地鼓励企业大胆创新。

2008 年由中国科技创业协会、上海市创业投资行业协会和上海市大学生科技创业基金会共同发起，科技部火炬中心支持的上海天使投资俱乐部，参照海外天使投资团体成熟的运作模式，同时结合中国创业投资环境特点，全力打造了一个真正意义上的、有影响力的天使投资环境，为有意参与、从事天使投资的企业家、高级职业经理人和专业技术人士搭建一个切磋交流和共同投资的平台。

浙江地区天使投资发展迅速。在获投金额方面，力超深圳位列全国第三。2010 年 1 月 24 日，浙江省首个大学生创业天使投资基金——"西湖—星巢天使投资基金"在杭州诞生。这是杭州市西湖区利用财政专项资金，引导社会资金有效参与，推动人才创业，发展高端产业的一项重要举措。作为浙江省首个扶持大学生创业的基金，该基金是专门投资于企业种子期、初创期的一种公益性的风险投资。投资对象集中为在西湖区创业的中小企业，特别是具有较好商业模式、科技含量高的大学生优秀创业项目。政府财政资金继续发挥引导和放大的功能作用，通过将部分投资收益让渡于投资者，以资引资，吸引私募股权资本进入西湖区初创期中小企业。在帮助大学生创业的同时，也推动了西湖区私募基金的发展，有效缓解初创期企业的融资困境。

此外，在2015年出台的《关于加大政策扶持力度进一步促进浙江省科技金融结合的实施意见》中，增进了与科技金融的结合，打通了"双创"资本通道，建立风险补偿机制，引导银行加大对科技型企业的信贷支持力度。同时，该实施意见支持多种新模式创新，大力发展诸如股权投资、风险投资、天使投资等多种创业投资，建立政府、银行、保险共同参与、市场化运行的中小企业贷款风险分担机制，着力优化创业创新融资环境。各类基金公司管理的资金超过5000亿元，各类创业投资机构管理资本700亿元，该省各级科技、财政部门设立的创业投资、天使投资引导基金超过45亿元。

宁波地区表现最为优异。根据宁波市统计局最新统计资料，2016年，宁波市高新技术产业实现产值6317.39亿元，占规上工业总产值的比重达43.8%，同比增长11.6%，增速高出规上工业总产值7.2个百分点；增加值达1153.66亿元，占规上工业总产值的比重达41.2%，同比增长9.1%，增速高出规定工业总产值1.8个百分点，领跑工业经济。宁波市高新技术产业的快速发展离不开天使投资的资金支持。到目前为止，该地区已累计备案的天使投资机构（人）达300家（个），可投资本已达到85亿元。宁波市天使投资引导基金新投项目达44项，累计投资项目突破150项，合同金额达1.25亿元，引导社会资金投资超过15亿元。高新技术企业后备队伍得到充实壮大，其发展迎来新一轮投资发展热潮。

深圳及其周边城市从事"天使"投资的个人及机构于2007年自发组

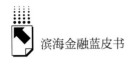
织形成了非营利性社会组织——深圳天使投资俱乐部。其创立宗旨是发展天使投资事业，促进天使投资人的交流与合作，为天使投资人与初创项目搭建对接的桥梁，拓宽中小型企业融资渠道，全方位整合资源，推动初创项目和中小型企业的健康发展。该俱乐部与深圳市政府合作，共同推出"天使投资创业引导基金"，基金规模1亿~2亿元，主要用于新技术、新经济和现代服务业等领域初创项目的前期投资。此外，国内首个天使投资人备案文件于2009年在深圳发布，文件中规定申请备案的个人资产要超过500万元，机构注册资本金不低于3000万元，并要求有较强的风险承受能力和相关单位推荐等，此举有利于进一步引导民间资本进入创业投资，激活市场投资热情。2014年深圳市科创委推送517项入库项目，深圳市还启动了天使投资引导，对在深圳市注册、具有独立法人资格且经备案的创投机构投资的以深圳战略性新兴产业早期项目为主要投资对象的天使投资项目，最高给予50万元的一次性资助。2014年举办的第六届深创赛开始试水"股权有偿资助"，3.4亿元的资金规模全部用来投资企业股权，获得优胜的59个项目中有40个项目进入有偿资助名单。近期，深圳市即将出台股权投资管理办法，以进行政府股权有偿资助资金的兑现。政府自己做天使，对于股权有偿资助，但是政府不占大比例，也不参与管理。如果项目失败，就是政府无偿资助；如果发展得好，将有定期的回购，滚动发展资金池。

四 天津天使投资的发展现状及问题分析

（一）天津天使投资发展现状

为了发展天使投资，天津市科学技术委员会于2006年6月7日成立了首家专业从事初创期科技型中小企业股权投资和增值服务的机构：天使投资者——天津科创天使投资有限公司。天使投资公司初期投资涵盖电子信息、生物、医药、新材料、光机电一体化、资源与环境、新能源与高效节能、高技术服务等高新技术领域，后期将侧重于与天津市未来主导产业相关的、与天使投资公司有投资优势的特色领域。天使投资公司初期的投资范围以全市科技型中小企业聚集的孵化器作为主要的投资领域，后期拟将投资区域扩展到全市的早期科技型中小企业，并吸引全国的优秀中小企业落户天津。截至2015年底，天津科创天使投资有限公司已经投资创业企业260余家，投资额累计超过1亿元。

科技企业孵化器成立天使投资机构，聘请专业投资团队运作，这种模式在全国的科技企业孵化器的投资运作上是一个创新。通过这种模式的运作实现了五个变化：由以科技企业孵化器为投资主体转化为以专业投资公司为投资主体；由只关注科技企业孵化器内部的项目转变为在天津市范围内组织项目；由企业申报项目过渡到由天使投资公司以专业投资的眼光挖掘、培养项目；由对项目申报材料的审查转化为对企业的尽职调查；由注重科技项目的评审转化为对于科技企业的整体考量。

另外，天津科创天使投资有限公司实现了政府资金转化为天使资金的突破。根据2005年天津市财政局与天津市科委联合颁布的《天津市科技计划项目资金管理办法》，每年度均会从科技创新资金中拨出一部分资金，以天使投资的形式将政府对科技项目的无偿资助转变为政府通过公司对科技型中小企业的股权投资。这种模式是一种全新的尝试，使长期以来政府对企业的支持方式在无偿资助、贷款贴息的基础上，增加了股权投资的方式。

（二）问题分析

1. 天津相对于其他地区的起步比较晚，投资机构数量少

与天使投资发展起步较早的北京、上海和深圳地区相比，天津的

投资发展尚处于起步阶段。

我们将北京、上海、广东、浙江和天津五地的投资机构分别按照资本类型、投资类型及投资阶段进行划分，分别表现在图4、图5和图6中。可以看出，天津的投资机构以本土为主，合资和外资投资机构均只有6家，投资机构来源单一；投资主要为PE（Private Equity，在我国通常称为私募股权投资）和VC（Venture Capital，风险投资）两种方式，投资种类少；投资阶段在种子期、初创期、扩张期、成熟期均有涉及。

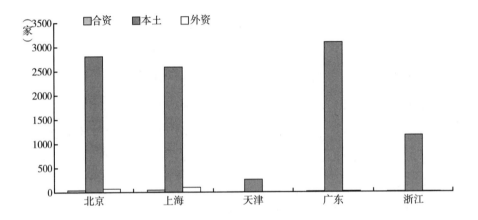

图4 北京、上海、广东、浙江、天津按照资本类型分类的机构数量

资料来源：清科数据库—投资界，统计截止日期为2018年6月23日。

2. 新三板挂牌企业少、知名企业少

如图7所示，截至2018年6月23日，广东、北京、上海、浙江新三板挂牌企业的数量分别是1780、1541、959、983家，广东新三板挂牌的企业数量位居全国第一，占比达15.8%，天津仅为205家，占比仅为1.82%，远少于其他地区的数量。

通过表2我们发现，2017年中国早期投资机构30强中，有15家北京公司、6家上海公司、5家广东公司、3家浙江公司，1家陕

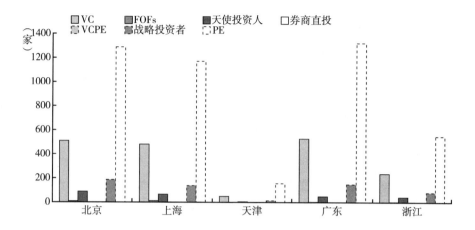

图 5 北京、上海、广东、浙江、天津按照投资类型分类机构数量

资料来源：清科数据库—投资界，统计截止日期为 2018 年 6 月 23 日。

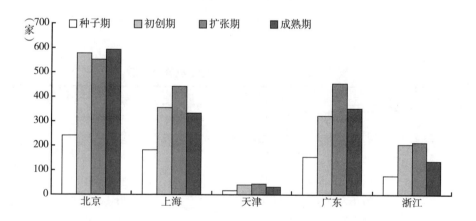

图 6 北京、上海、广东、浙江、天津按照投资阶段分类投资机构数量

资料来源：清科数据库—投资界，统计截止日期为 2018 年 6 月 23 日。

西公司，天津未在列。表 3 中，2017 年中国股权投资机构新锐 30 强中，13 家北京公司、8 家上海公司、4 家广东公司、2 家浙江公司、1 家四川公司，2 家天津公司，希望天津能够抓住机遇，迅速发展起来。

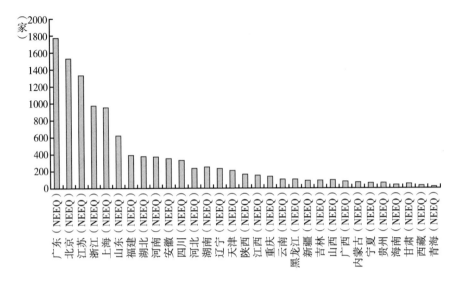

图7 新三板挂牌企业的各省总体情况

资料来源：Wind 数据库，统计截止日期为 2018 年 6 月 23 日。

表2 2017 年中国早期投资机构 30 强

排名	机构全称	机构简称
1	北京真格天成投资管理有限公司	真格基金
2	北京创新工场投资中心(有限合伙)	创新工场
3	英诺融科(北京)投资管理有限公司	英诺天使基金
4	北京联想之星投资管理有限公司	联想之星
5	宁波梅花天使投资管理有限公司	梅花天使创投
6	九合摩宝投资管理(北京)有限公司	九合创投
7	西安中科创星科技孵化器有限公司	中科创星
8	清流(北京)投资咨询有限公司	清流资本
9	上海阿宝兄弟投资管理有限公司	熊猫资本
10	深圳市前海青松创业投资基金管理企业(有限合伙)	青松基金
11	北京青山同创投资有限公司	青山资本
12	险峰长青	险峰长青
13	北京明势合讯资本管理有限公司	明势资本
14	北京安芙兰创业投资有限公司	安芙兰资本

排名	机构全称	机构简称
15	盛山资产管理(上海)有限公司	盛山资产
16	北京洪泰同创投资管理有限公司	洪泰基金
17	深圳国金纵横投资管理有限公司	国金投资
18	启迪之星(北京)投资管理有限公司	启迪之星创投
19	上海阿米巴投资管理有限公司	阿米巴资本
20	上海合之力投资管理有限公司	合力投资
21	杭州盈动投资管理有限公司	盈动资本
22	上海零颐投资管理有限公司	零一创投
23	浙江天使湾创业投资有限公司	天使湾创投
24	深圳前海创享时代投资管理企业(有限合伙)	创享投资
25	深圳追梦者投资管理有限公司	追梦者基金暨创新谷
26	丰厚投资管理(北京)有限公司	丰厚资本
27	深圳市德迅投资有限公司	德迅投资
28	北京老鹰投资基金管理有限公司	老鹰基金
29	上海紫辉创业投资有限公司	紫辉创投
30	北京风云际会投资管理有限公司	风云资本

资料来源：清科数据库。

表3　2017年中国股权投资机构新锐30强

排名	机构名称(以下排名按机构名称拼音顺序排列)	机构简称
1	北京百度投资管理有限公司	百度风投
2	北京初者之心投资管理有限公司	初心资本
3	北京春晓汇商股权投资管理有限公司	春晓资本
4	北京弘卓资本管理有限公司	弘卓资本
5	北京三行资本管理有限责任公司	三行资本
6	北京中泰创汇股权投资基金管理有限公司	中泰创汇
7	北京左驭投资管理有限公司	左驭资本
8	成都技转创业投资有限公司	成都技转创投
9	北京创世伙伴资本	创世伙伴
10	沸点资产管理(天津)有限公司	沸点资本
11	国开科技创业投资有限公司	国开科创
12	杭州道生投资管理有限公司	道生投资

排名	机构名称（以下排名按机构名称拼音顺序排列）	机构简称
13	宁波远毅投资管理有限公司	远毅资本
14	山行投资管理（北京）有限公司	山行资本
15	上海阿宝兄弟投资管理有限公司	熊猫资本
16	上海火山石投资管理有限公司	火山石资本
17	上海曦域资产管理有限公司	曦域资本
18	上海云怡投资咨询有限公司	云九资本
19	深圳国中创业投资管理有限公司	国中创投
20	深圳兼固股权投资基金管理有限公司	兼固资本
21	深圳前海创享时代投资管理企业（有限合伙）	创享投资
22	盛山资产管理（上海）有限公司	盛山资产
23	微光创投	微光创投
24	蔚来资本	蔚来资本
25	襄禾商务咨询（北京）有限公司	襄禾资本
26	一村资本有限公司	一村资本
27	易泽资本管理有限公司	易泽资本
28	元生资本	元生资本
29	约印大通（天津）资产管理有限公司	约印医疗基金
30	臻云智能（北京）投资管理有限公司	臻云创投

资料来源：清科数据库。

3. 投资金额低

如图 8 所示，2012～2017 年北京、上海、广东、浙江、天津的投资金额基本都在不断上涨，但是可以看出天津与其他地区相比年投资金额很少，2017 年北京的投资金额高达 46490 百万美元，上海、广东、浙江分别为 17551 百万、17191 百万、6983 百万美元，天津只有 1440 百万美元，差距显著。

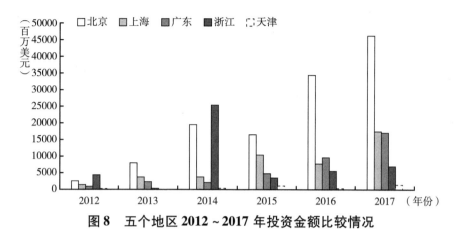

图 8　五个地区 2012～2017 年投资金额比较情况

资料来源：Wind 数据库，统计截止日期为 2018 年 6 月 23 日。

4. 投资事件少

从图 9 与图 10 中可以看出，2017 年北京投资案例数高达 1373 起，投资披露案例数为 1217 起，而天津投资案例数仅为 65 起，投资披露案例数为 55 起，天津的投资案例数和投资披露案例数都远远小于其他地区，存在不小差距。

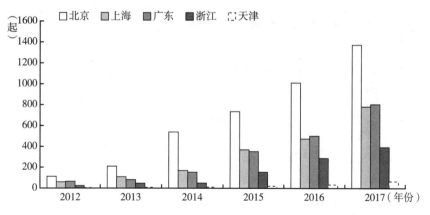

**图 9　2012～2017 年北京、上海、广东、浙江、天津
私募股权和创业投资的投资案例数**

资料来源：Wind 数据库，统计截止日期为 2018 年 6 月 23 日。

通过2014～2018年五个地区发生的投资事件、并购事件和募资事件的比较，我们发现天津与广东相比略占优势，但和其他三个地区相比仍然存在较为明显的差距（见图11、图12、图13）。

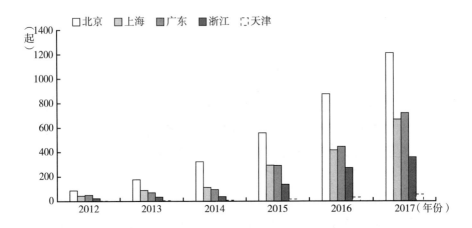

**图10　2012～2017年北京、上海、广东、浙江、天津
私募股权和创业投资的投资披露案例数**

资料来源：Wind 数据库，统计截止日期为 2018 年 6 月 23 日。

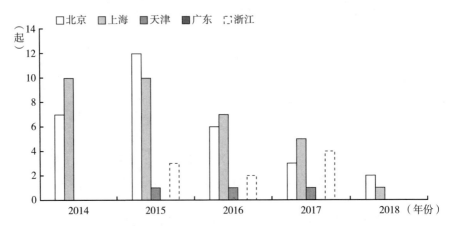

图11　北京、上海、广东、浙江、天津 2014～2018 年投资事件比较

资料来源：清科数据库—投资界，统计截止日期为 2018 年 6 月 23 日。

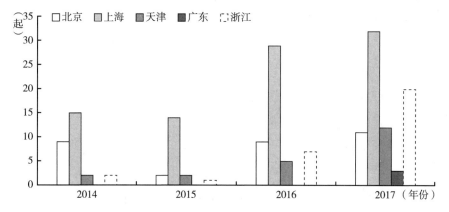

图 12　北京、上海、广东、浙江、天津 2014~2017 年并购事件比较

资料来源：清科数据库—投资界，统计截止日期为 2018 年 6 月 23 日。

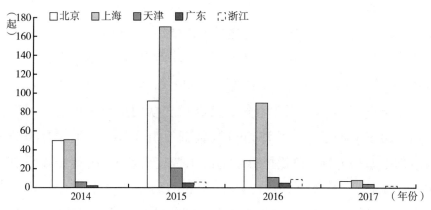

图 13　北京、上海、广东、浙江、天津 2014~2017 年募资事件比较

资料来源：清科数据库—投资界，统计截止日期为 2018 年 6 月 23 日。

五　天津天使投资的发展机遇

（一）国家相关政策的支持和天津市政府的积极引导

"十三五"科技创新的十二项主要指标具有继承性、延续性、

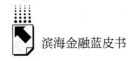

衔接性、阶段性。为推动"双创"有效服务实体经济，要建设创业创新公共服务平台，发展专业化众创空间，支持众创众包众筹众扶，打造"互帮互助""用户参与"的开放式创业生态系统；要鼓励拥有丰富经验和创业资源的企业家、天使投资人和专家学者担任创业导师，鼓励高校开设创新创业交流课程；设立新兴产业基金、中小企业基金和科技成果转化引导基金，完善天使投资、创业投资流转退出机制，引导社会资金投入创新创业。

2015 年 8 月，天津市科委、天津市财政局出台了《天津市天使投资引导基金管理暂行办法》。引导基金通过设立天使投资子基金、投资风险补贴、直接投资等方式，鼓励社会资本投资初创期科技型中小企业。引导基金规模为 5 亿元，在天津市自主创新示范区发展专项资金中分年度安排，每年 1 亿元。引导基金可通过上市转售、股权协议转让、企业回购及破产清算等方式退出。另外，天津市将对引导基金未参股的天使投资基金投资初创期科技型中小企业产生的风险，给予一定的补贴。

截至 2016 年末，天津市各区已经设立众创空间种子基金 49 只，总规模超过 1.6 亿元；天津市科技型企业引导基金参股天使基金 5 只、创投基金 7 只，总规模分别超过 1.7 亿元和 14 亿元（数据来自中商情报局）；对 89 个项目给予了天使投资引导基金直投支持。天津市天使投资引导基金在制度设计上提供了含金量较高的优惠政策。一是种子基金向创业者借款无法归还时优先核销财政资金；二是天使投资失败可优先核销引导基金权益；三是天使投资引导基金 5 年内可按原值转让；四是天使投资超额收益 30% 奖励投资团队、投资风险补偿等优惠措施。一系列的政策红利，吸引了中汽研、中国华阳投资等社会资本和上创投、清研资本、启迪控股等优秀投资机构投身在天津的这片热土，政府引导社会资本投向科技型企业的作用正在显现。

下一步，天津市科技型企业引导基金将加强与区级引导基金联动，利用 20 亿元市级引导基金，并积极争取国家引导基金的支持，设立 50 只左右参股子基金，撬动 60 亿元社会资本，按 1∶1 比例带动银行信贷投放，力争形成 200 亿元以上的投资规模，向高端装备、新能源、新材料、生物医药等战略性优势产业的科技型企业输送资本，营造天津市针对科技型企业的良好投融资环境。

（二）科技型企业迅速发展带来的巨大融资需求

随着天津市自主创新示范区建设全面推进，引进清华大学电子信息研究院等一批高水平研发机构，新建产学研用创新联盟 30 家，众创空间达到 139 家，滨海新区 TjAb 众创空间成为全国首批国家专业化众创空间。2016 年新增的科技型中小企业达到 14737 家。其中，规模过亿元的企业有456 家。截至 2016 年末，天津市国家高新技术企业 3265 家（数据来自天津市统计局《天津市 2016 年国民经济和社会发展统计公报》）。科技型中小企业发展，尤其在目前初创期资金大规模缺口的状态下，是带动天津市经济增长的新动力，它们提供了良好的市场需求。单一的融资渠道显然无法满足其资金需求。天津市应积极开发潜力巨大的民间资本，效仿国内天使投资发展模式优越的地区，如北京中关村、深圳以及上海等地区，大力发展天使投资，为科技型中小企业提供资金支持。

六 国外天使投资的发展及经验借鉴

（一）美国天使投资的发展

1. 美国天使投资发展现状

美国天使投资的发展一直处于全球领先地位，成为促进高新技术产业发展的重要源泉。美国的天使投资已经形成了一个立体性的创新创业的投资体系。近年来，美国天使投资呈现出信息技术与医疗健康等领域持续保持高投入、80% 左右的资金投资在项目的早前期、投资

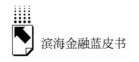

轮次多以首轮投资为主、退出方式以并购退出为主等一些重要特征。

美国天使投资的发展，具体体现在天使投资越来越从分散的、个体的投资行为走向成熟的有组织的、合作式的投资方式，已经形成了一个立体性的创新创业的投资体系。由自然科学基金会主导的高端科技成果转移的天使基金，引导着国家高端化的发展机制；由小企业管理局主导的普遍性科技成果转移的天使投资，推动着各种科技创新创业，推动经济结构持续转型机制；由大量私人、俱乐部、互联网等形式构成的市场导向型的天使投资体系支撑起了对美国不同层面的科技创新创业的金融需求，成为促进美国创新创业、增加就业人口、提升国家经济实力的重要手段。

据统计，美国天使投资市场的资金规模占 GDP 的比重超过1%，天使投资市场为美国经济增长做出了重要贡献，每年由于天使投资所带来的新增就业岗位占全美新增就业岗位的5%左右。2014年，由天使投资所带来的新增就业岗位约26.4万个，平均每个天使投资项目创造了3.6个工作岗位。

从表4中可看出：2015年，美国天使投资总额为246亿美元，较2014年增长2.1%；70384家企业得到了天使投资基金，较2014年下降4.1%；美国活跃的天使投资人共有30.49万人，较2014年下降3.7%。2015年，美国天使投资的平均单笔投资金额为34.95万美元，较2014年上升6.5%，总体来说与2014年变化不大。21世纪初期美国天使投资快速发展了一段时间，于2007年发展达到巅峰，接下来的几年发展缓慢。2010年至今，美国天使投资再次得到快速发展。近年来，美国天使投资市场，无论是投资数量还是投资金额，均延续了自2010年以来的上扬趋势，天使投资市场非常活跃。到2015年美国天使投资额已达246亿美元，与2007年的260亿美元的投资额巅峰已相差无几。无论是个人天使投资人、天使机构投资参与者还是接受天使投资企业数量都在逐年上升。

表 4 美国天使投资总体情况 (2006~2015 年)

项目　　　年度	2006	2007	2008	2009	2010	2011	2012	2013	2014	2015
投资额(亿美元)	256	260	192	176	201	225	229	248	241	246
天使投资(万人)	23.40	25.82	26.05	25.95	26.54	31.85	26.82	29.88	31.66	30.49
人均投资额(万美元)	10.94	10.07	7.37	6.78	7.57	7.07	8.54	8.31	7.61	8.07
投资企业(家)	51000	57120	55480	57225	61900	66230	67030	70730	73400	70384
单笔投资额(万美元)	50.20	45.52	34.61	30.76	32.47	33.97	34.18	35.08	32.83	34.95

资料来源：根据新罕布什尔大学风险投资研究中心历年发布的美国天使投资报告资料进行整理分析。

从表 5 中可以看出天使投资领域不断扩展已经渗入美国的软件、IT 硬件、医疗健康、商业服务、生活消费品和娱乐等各个方面。天使投资资本的特点决定了其更多地关注高成长型公司，其投资领域具有明显的行业特征。从占比走势可以看出，软件与医疗健康等领域一直是投资者关注的重点，二者投资总额保持在 50% 左右。其中，软件领域的天使投资金额占比高达 30.0%，始终处于优势地位。

表 5 美国天使投资各行业投入金额占比的变化

单位：%

项目　　　年度	2012	2013	2014	2015
软件	22.4	29.4	30.8	30.0
商业服务	11.7	10.3	7.6	6.4
医疗健康	16.9	13.1	15.9	22.9
药物和生物	10.0	9.0	12.0	6.3

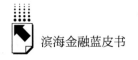
续表

项目 \ 年度	2012	2013	2014	2015
IT 硬件	5.3	2.8	5.0	2.6
媒体	3.9	5.7	4.8	3.9
生活消费品和娱乐	2.8	4.0	3.0	2.4
能源	3.3	3.9	1.9	2.9
其他	23.6	21.8	19.0	22.6

资料来源：根据新罕布什尔大学风险投资研究中心历年发布的美国天使投资报告资料进行整理分析。

2. 美国天使投资值得我国借鉴之处

（1）政府给予税收优惠与财政补贴政策支持

美国联邦政府对"天使投资人"的税收优惠政策，主要体现在对符合条件的"小企业投资者"的长期投资实行特别资本利得税优惠，包括"持有5年以上资本利得50%减征""再投资税收抵免""资本损失可视为普通损失"。从2008年开始，为应对金融危机稳定就业，美国政府不断加大对小企业长期投资者的资本利得税优惠，如《2009年美国复兴与再投资法案》将持有符合条件的小企业股票5年以上的资本利得减征比例从50%提高到75%，《2010年小企业就业法案》进一步将减征比例从75%提高到100%，2013年推行的《美国纳税人救济法案》将这一减征政策的时间持续到2013年底。此外，美国有超过1/3的州政府也出台了鼓励天使投资发展的税收激励政策。

美国是天使投资的发起者也是领跑者。不仅联邦政府制定相关法案促进天使投资的发展，而且超过1/3的州政府出台了更普遍、更有利的税收激励政策，为天使投资的发展保驾护航。从法律上保护天使投资，从信用担保、税收抵免政策支持天使投资，甚至亲自参与创业培训。如此重视天使投资在别的国家是少见的，这也是天使投资在美国发展最成功的原因所在。

（2）创建天使投资人网络平台和天使投资人协会

为了改善天使投资人和新创企业之间信息不对称的困境，美国有关公共部门和民间采取了一连串举措以推动天使投资的发展。其中，比较普遍的方式是建立网络平台如天使投资人网络。天使投资人网络不仅有政府部门创建的不以营利为目的的网络，还有民间创建的非营利性的非政府组织。除此之外，还有商业性网络。

以协会或俱乐部形式存在的天使投资组织，为天使投资人提供了线下交流的渠道，有利于找到更多的资金和项目。2004 年，考夫曼基金会（Kauffman Foundation）支持创建了 ACA，作为政府资助的非营利性组织，ACA 共有 11 名董事和 50 余名委员会成员。ACA 是领导性的专业化协会，其使命是成功推动天使团体（Angel Groups）和私人投资者投资于早期高增长企业。ACA 的主要功能定位包括提供职业发展、制定行业标准、提供公共政策建议以及为会员提供投资资源与帮助等。硅谷天使帮（Band of Angel）成立于 1994 年，是美国发展最早也是最成熟的天使投资俱乐部之一。最初，著名投资家Hans Severiens 发现成立之初的企业面临资金短缺和经验匮乏的尴尬，便与 12 位风险投资公司高管共同组建了天使帮，联合起来帮助初创企业成长。

（二）英国的天使投资发展——风险投资计划 VCS

从国际经验看，税收政策已成为鼓励风险投资的重要工具，英国、日本、以色列、加拿大、法国、意大利、葡萄牙、西班牙、韩国等很多国家，都特别对风险投资制定了专门的税收优惠政策。其中，英国的风险投资计划是成功典型。英国 2014 年的投资额高达 14.5 亿英镑，总共有 2000 多个初创型企业（数据来自 2015 年全球天使投资论坛英国天使投资联盟主席 Jenny Tooth 的发言），天使投资已经成为英国高新技术中小企业的主要融资方式之一。近年来英国独立天使投资人的数量在不断减少，团体数量在不断增加，天使投资显现出了集团化和组织化的特点，英国正不断完善天使投资市场的运行。过去天使投资人大都为单一的投资者，不管是投资的经验还是专业知识都不如团体深。现在越来越多的投资者加入天使投资的组织，与他人一起投资，组织选择专职经理来管理投资过程，不但节省了单个投资者的时间精力，而且为企业带来了更大的投资额。单个投资者集合为投资组织的这一趋势便会吸引更多的天使投资者加入，增加资金供应，使资金需求者能更快捷地找到天使资金。

VCS 为符合条件的风险投资者提供税收优惠，鼓励其对小企业股权投资。该计划又包括若干子计划，最主要为企业投资计划（EIS）、种子企业投资计划（SEIS）和风险投资信托计划（VCT）。

英国政府从 1994 年开始实施 EIS 企业投资计划税收优惠，对购买符合条件小企业新发行股票的合格个人投资者给予个人所得税收优惠。①投资时可获投资额 30% 的税收抵免。个人投资者可按其投资额的 30% 获得税收抵免，冲抵应纳个人所得税，不足抵免部分可向前结转，但每人在一个纳税年度的抵免额不能超过 100 万英镑。②持股至少 3 年获得的资本利得免税，但可免税额有上限。③资本损失可抵普通所得。个人投资者在持股 3 年后转让被投资企业股份，若发生资本损失，可抵扣当年资本利得，不足抵扣部分还可抵扣当年和以前纳税年度的普通所得。④投资 EIS 小企业的其他资本利得可延迟纳税。若个人投资者转让某项资产获得了资本利得，并用此资本利得再投资符合 EIS 规定的小企业，此资本利得可延期到再投资股票也发生转让时才纳税。投资者应当自投资所属纳税年度次年 1 月 31 日起的 5 年内做出上述优惠申请，也可在收到企业 EIS 表格后申请。但自股份购买之日起的 3 年内，如果出现申请条件不满足的情形，已享受的税收减免将被撤回。

英国政府从 1995 年开始实施 VCT 风险投资信托计划税收优惠，对合格风险投资公司及其个人投资者提供税收优惠，鼓励个人投资者购买合格风险投资公司普通股票，间接投资于众多的非上市小企业。其中，合格风险投资公司是经过英国税务与海关总署批准的风险投资信托公司（简称 VCTs），主要业务为向未上市小企业进行股权投资或提供信贷资金。VCTs 投资合格公司所获资本利得免公司所得税。VCTs 的个人投资者可获得的税收优惠包括：①投资额的 30% 可以作为税收抵免额冲抵当年应纳个人所得税，但享受优惠的投资额不能超过 20 万英镑，且持股时间至少为 5 年；②对于享受了税收抵免的 VCTs 股票，个人投资者从基金获得的相关股息收入免征个人所得税；③对于享受税收抵免的 VCTs 股票，个人投资者持有相关股票满 5 年，股票转让所得免征资本利得税。

英国政府于 2012 年出台了 SEIS 种子企业投资计划税收优惠，为购买小型初创企业股票的个人投资者提供税收优惠，缓解小型初创企业特有的融资困难。与 EIS 相比，SEIS 所针对的企业规模更小，提供的税收优惠力度更大。①投资时可获得投资额 50% 的税收抵免。个人投资者可按其投资额的 50% 获得税收抵免，但不足抵免部分不能结转，且每人在一个纳税年度享受优惠的投资额不能超过 10 万英镑。②转让已持有超过 3 年的被投资企业股票时，免征资本利得税。③股票转让的资本损失可抵扣普通所得或资本利得，但确认的损失额中须减除投资者已经获得的投资抵免额（普通所得或资本利得能被股票转让所产生的资本损失抵消，但需要将投资者已经得到的投资抵免额从经确认的损失数额中扣除）。④再投资 SEIS 企业的资本利得免税。个人在 2012~2013 年度转让资产取得应税所得并再投资符合 SEIS 资质的企业，再投资额可免资本利得税；若在 2013~2014 年度，类似再投资额 50% 可免资本利得税，但享受优惠的再投资总额不能超过 10 万英镑。对于大多数国家都是通过税收等财政激励政策

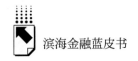

来促进天使投资的发展。而英国这套风险投资计划是全球的成功典型，其细致完备的税制设计值得我国借鉴。英国的 VCS 计划对天使投资和创业投资分别进行不同的且具针对性的政策支持。英国 VCS 计划在各具体的环节诸如投资、股权转让、再投资等股权投资环节都制定了税收优惠，且优惠力度较大。我国政府也想通过税收激励政策促进天使投资的发展，可以借鉴英国的风险投资计划制定出符合我国现实的完备政策。

（三）日本天使投资税制的改革

与英美等国家相比，日本的风险金融规模极小，且日本的风险投资是借鉴美国的风投制度，并结合了日本社会的金融体制及问题的实际背景发展起来的。在组织模式上，日本的风险投资公司附属于大金融机构或者大企业集团；在资金来源上，主要依靠大金融机构或者大企业集团；在资金的投向上，表现出投资分散，对高科技企业特别是处于创业初期的高科技企业投资相对不足的特点。

以前其方法主要是以公开发行股票为前提，对不愿公开发行股票的企业实现融资的方法非常有限。也就是说，在真正需要风险资金的领域内较难实现充分的资金融通。日本经济在 20 世纪 90 年代经济增速变缓甚至出现停滞状态，一些中小企业承受不了经济压力纷纷倒闭。日本政府觉察到了危机，迅速引导企业转型不断引进高新技术产业，并设法为中小企业寻找新的融资渠道。风险投资尤其是天使投资在此时应运而生。与欧美相似，日本当局也颁布了一连串优惠措施推进天使基金的发展，进而推动了日本中小企业的发展。

1997 年日本政府出台了《天使税收待遇条例》等规定，仅对天使投资人从交易中获取资本利得的 25% 征税，企业的资本早于企业注册登记的时间投入的，允许推迟三年申报纳税。其目的就是通过对投资于未上市公司的个人实行税收鼓励政策，增加市场上非正式投资者人数及投资金额，活跃非正式投资市场。2000 年，增加了转让收益可以按 1/2 纳税的规定，并且在 2000 年 6 月成立了一个名为日本天使投资人论坛的非营利实体以及一个日本天使投资人公司的营利性基金，为那些急于寻求投资人的创业者们提供资金。

2002 年，又增加了可以通过投资事业进行组合的投资方式。2003 年日本第一次对风险企业实现首次公开募股（IPO）后获得收益的优惠政策。根据日本社会实际利用天使投资税制的情况，2008 年实现了对天使投资税制的根本性改革。修改后的天使投资税制，废除了对股份转让所获收益的优惠政策，增加了投资总额可以从应纳税所得中扣除的规定，即"所得税扣除制度"。1997~2010 年有 4092 件投资利用天使投资税制，投资家 3357 人，承认企业 280 家，投资额 69.3 亿日元，投资家人均投资额为 206 万日元（根据日本政策金融公库综合研究所编的《新规开业白皮书》整理）。

日本事先认定制度。该制度不仅降低了天使投资者的不确定性，而且在企业创立的筹备阶段就可以开始申请，申请获批的企业名单还被公布在网上，这样可以增强该企业的融资能力，有利于天使投资的早期介入。

优惠措施的享受条件。为促进民间盈余资本能够流向无法通过银行审查获取贷款又具有发展潜力的风险企业，天使投资税制对能够享受该制度的中小企业条件做了严格而细致的规定（参见表 6）。

表 6　符合优惠政策的中小企业条件

成立时间	优惠政策 A（成立不满 3 年的中小型企业）	成立时间	优惠政策 B（成立不满 10 年的中小型企业）
不满 1 年或没有超过最初的事业年度	研究者或从事新事业活动的员工 2 名以上，且应为专职人员，并占员工总数的 10% 以上	不满 1 年	研究者或从事新事业活动的员工 2 名以上，且应为专职人员，并占员工总数的 10% 以上

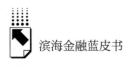

续表

成立时间	优惠政策A(成立不满3年的中小型企业)	成立时间	优惠政策B(成立不满10年的中小型企业)
不满1年,但已超过一个事业年度	研究者或从事新事业活动的员工2名以上,且应为专职人员,占员工总数的10%以上,营业现金流为赤字	1年以上2年以下	R&D费用等超过收入的3%,且营业现金流一直为赤字。同时,研究者或从事新事业活动的员工2名以上,且应为专职人员,并占员工总数的10%以上
1年以上不满2年	R&D费用等超过收入的3%,且现金流为赤字。研究者或从事新事业活动的员工2名以上,且应为专职人员,现金流为赤字	2年以上5年以下	R&D费用等超过收入的3%,销售额增长率超过25%
2年以上不满3年	R&D费用等超过收入的3%,且营业现金流为赤字,或销售额增长率超过25%前现金流为赤字。	5年以上10年以下	R&D费用等超过收入的5%

注:R&D费用包括宣传费、市场营销费等。
资料来源:作者根据日本《企业投资税制》整理而成。

优惠措施A是指,如果向成立不满三年的符合要求的风险企业投资,投资人投资后,将向风险企业投资的金额减2000万日元后,可以将所投资额从该年度所得中扣除后再进行纳税,最高扣除金额为1000万日元,且以总所得的40%为上限。该措施与日本的个人所得税累进税率相结合,有利于引导高收入者把剩余资金投向具有高风险、高回报的初创企业中,打破在政府金融机构支持下形成的改善型创新,弥补日本缺乏破坏性创新的弱势。优惠措施B是指,如果投资于成立不满十年且满足条件的风险企业,天使投资人投资后,可将其向风险企业投资的总金额从同年其他股权转让资本利得中扣除,且没有扣除上限的规定。

日本天使投资税制通过影响个人投资者的投资行为，增加了个人投资者向初创期风险企业的投资，在一定程度上解决了企业初创期资金筹集的问题，加快了企业的发展。然而，要从根本上解决风险企业筹集资金的问题，就必须构建系统的支持体系，形成适宜企业创业的生态环境。

七 天津发展天使投资对策

（一）加强天使投资理论研究，普及天使投资知识

近年来，天使投资在我国已经有了一定的发展。天津市应借鉴国内外学者的经验，基于本市的具体情境开展天使投资方面的理论和实证研究具有重要的理论和现实意义。聚焦天津市天使投资人和潜在天使投资人的立场、举动和特点，描绘出天津市天使投资人的初步概况，剖析驱动天使投资的主要动因，天使投资人对投资机会标准的评价，创业企业通过天使投资人融资的方式、流程和动态融资网络发展模式，从而有助于创业者通过天使投资人融通资金，并生成有关天使投资的理论，尤其是立足于中国境况的天使投资理论。

在普及天使投资知识方面，政府应当作为主导加强对天使投资的宣传和教育，通过开展多种形式的活动，例如通过主流媒体、举办形式多样的培训和研讨会等形式加强对天使投资进行宣传，帮助潜在天使投资人树立正确的投资理念，培养风险投资意识，激发潜在天使投资人的投资热情，使其关注创业企业的成长并从中获益。同时通过宣传，提升创业企业积极寻找天使投资融资的热情，走出初创企业融资难的困境。

（二）加大财政扶持力度，积极引导天使基金

天使投资风险高、周期长，难以独立按照市场机制生存，因此政

府引导不可替代。在加拿大等欧美国家，政府一般采取跟投、股权担保等形式来为天使投资人提供保障。必须强调的是，政府往往跟投天使投资团，并非天使投资个人。比如如果认证天使投资组织投给一个初创企业100万元，政府会跟投60万元，被投企业的研发和人员的开销还可按一定比例向政府申请报销。此外，欧美国家对天使投资税收支持的力度也非常大。如美国夏威夷州、堪萨斯州、威斯康星州、肯塔基州等地区都有税收抵免政策。其中，夏威夷州的税收抵免达投资额的100%。英国"企业投资计划"对天使投资人给予了所得税减免、资本利得税减免和递延、损失减税、免除遗产税等方面的规定。而国内的税收优惠主要针对扶持中小企业，缺乏对天使投资人和机构的税收激励，股权投资行业的"双重税收"问题要从政策层面来解决，建议推出天使投资税收优惠政策，加大财政扶持力度，鼓励这一群体的发展。

天使投资的发展离不开政策的大力支持，天津市要在财政政策允许的范围内加大对天使投资的支持力度，制定一系列的优惠政策吸引国内外知名的天使投资人、天使投资机构和天使基金进津投资，发挥财政资金的杠杆效应和引导作用，通过引导基金的跟进投资，鼓励天使投资机构（人）对具有专门技术或独特概念的原创项目或具有发展潜力的创新型初创企业实施投资、提供高水平创业指导及配套服务，助推创新型初创企业快速成长。

"十三五"期间，天津市计划到2020年，全市科技型中小企业总量达到10万家，科技小巨人企业达到5000家，国家高新技术企业达到5000家。工业领域科技小巨人企业产值占规模以上工业总产值比重达到55%，增加值率、成长性和税收贡献率高于全市平均水平。对于现在的中小企业遇到发展的瓶颈——融资难融资贵问题，天使投资是解决此问题的重要因素。

完善和落实天使投资相关税收政策，推动运用财政税收等优惠政策引导创业投资机构投资科技企业。天使投资税制利用人们对税后收入最大化的追求，引导投资者把初创企业投资加入资产组合中，从而推动私人资本流向天使投资，增加对风险企业的资本供给，支持风险企业的创立、生存和发展，促进新兴产业的发展。天津的天使投资处于起步阶段，与此同时，它的税收政策尚未完备。同时，由于天使投资的高失败率、周期长等特性，天津市应摸索相应的税收政策来刺激社会潜在投资人对创业者的支持，推动中国发展创新事业。例如为天使投资俱乐部（网络）中的天使投资人提供税收减免政策，对天使投资人个人来自天使投资活动的收益进行税收减免等等。

此外政府要积极引导天使基金。如上海市政府为引导及培育天使投资行业的快速发展，促进天使投资专业化、机构化，提高区域创新活跃度而针对天使投资领域设立引导基金。但是上海天使投资引导基金明确要求投资企业直接从事研发的科技人员占职工总人数的20%，此规定将新科技企业放在了首位却极不利于初创企业的发展，不利于推动"大众创业万众创新"的规划。天津市要取其精华，补其不足，设立全国首家大众创业公益众筹平台，与天使投资引导基金配合，以"天使＋众筹""孵化＋天使"等创新方式促进大众创业、万众创新。

（三）建立健全天使投资相关政策体系，发展多种形式的天使投资人俱乐部

天津市政府应出台相关法律法规加强对天使投资人投资权益的保障，并进一步完善保护私人财产的相关法律制度，建立或完善投资基金、物权保护等方面的相关法律法规体系。从国外天使投资发展情况来看，天使投资人群体已经从最初的非正式、口头网络发展为非常专业化的复杂的组织，为创业企业提供了一个非常有效率的融资市场，也使天使投资人能更有效地发现投资机会。例如美国华盛顿地区的"晚餐俱乐部"就是非常有名的天使投资人组织。1999年

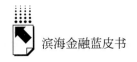
欧洲也成立了非营利组织——商业天使网络平台（EBAN）。这些平台为天使投资人和企业之间搭建了相互交流的桥梁，对发达国家和地区天使投资的发展起积极的推动作用。中国也有不少类似的天使投资俱乐部和天使联盟，比较典型的是上海天使投资俱乐部、深圳天使投资人俱乐部、亚杰商会天使团、K4论坛北京分会、中关村企业家天使投资联盟等。

因此，天津市应鼓励发展多种形式的天使投资人俱乐部，通过论坛、沙龙、讲座、联谊等形式，全方位整合资源，构筑一个创业企业与天使投资人交流合作的平台。这既可以降低交易成本，提高天使投资效率，同时也可以通过提供教育培训、咨询服务、研究分析等附加服务项目提高天使投资人的投资水平，促进天使投资市场发展。

（四）完善资本市场环境，建立有效的退出机制

在美国，天使投资的退出模式主要有兼并收购、股份回购、公开上市（IPO）和破产清算。其中，公开上市（IPO）由于其较高的收益率是创业者和天使投资人最愿意选择的退出模式，而并购与回购虽然收益率远低于公开上市（IPO）却是最现实的退出途径，然而在我国，以上渠道都难以实现。因此，我国应拓宽天使投资退出渠道，加快完善民间产权交易市场，建设区域化、市场化、规范化的技术交易平台，改进现有的创业板市场，建设多层次的资本市场，实现天使资本的投资增值和良性循环。

天津市政府应该维护资本市场的稳定，降低企业的进入门槛，丰富项目退出的途径。项目结束后能否成功退出投资，直接决定着天使投资的成败。因此，完善的市场退出机制非常重要。我国已经建立了创业板市场，为天使投资者提供了有利的退出渠道，但是，目前我国创业板市场规模有限，上市条件严格，在很大程度上限制了投资者的

退出规模。针对这些情况：首先，政府应该对创业板市场保持足够的信心和积极的态度，督促企业执行严格的信息披露制度，促使企业的运作更加规范，达到创业板上市的条件，建立一个符合中国国情的创业板市场；其次，政府可以推出优惠措施和便利流程鼓励有条件的企业在海外上市，进入国际资本市场；再次，政府应该积极丰富和完善资本市场，增加各种金融产品的交易活跃度，方便于投资人以股权转让或者回购的方式退出投资；最后，政府在不断规范产权市场的同时，还应该加快产权交易中心的建设，为创业企业创造支持以收购或者兼并等多种方式实现投资人顺利退出的条件。

B.6
中国（上海）自由贸易试验区建设经验的时代思考

吴大器[*]

摘　要：　上海自贸试验区设立4年多来，始终将制度创新作为核心，包括将负面清单管理作为中心的投资管理体制，符合高标准贸易便利化规则的贸易监管制度，适应更加开放的环境和有效防范风险的金融创新制度以及以规范市场主体行为为重点的事中事后监管制度。上海自贸试验区聚焦投资、贸易、金融和事中事后监管等领域，形成了一批基础性制度和核心制度创新。另外，上海自贸试验区把防范风险作为重要底线，在建立与国际通行规则相衔接的投资贸易制度体系、深化金融开放创新、加快政府职能转变和构建开放型经济新体制方面，取得了重要成果，一批制度创新的建设经验复制推广到全国，形成了颇具时代特色的创新试验系统。

关键词：　上海自贸区　制度创新　建设经验　试验系统

---

* 吴大器，上海市人民政府参事，上海立信会计金融学院国家二级教授，中国注册会计师，享受国务院政府特殊津贴，全国优秀教师，上海市优秀专业技术人才获得者。

建设中国（上海）自由贸易试验区（以下简称上海自贸试验区），是我国在新的历史条件下，立足国家战略需要，对标全球高标准投资贸易规则，全面深化改革和扩大开放的重大举措。4 年多来，上海自贸试验区按照中央的部署和要求，在国家有关部门的指导和支持下，把打造最具有开放性的自由贸易园区作为宗旨，把制度创新作为核心任务，把预防风险作为关键界限，在构建与国际通行规则相联结的投资贸易制度体系、推动金融进一步开放创新、尽快转变政府职能和建立开放型经济新体制方面，获得了突出成绩，很多制度创新成果在全国范围内得到推广，产生了极具时代特色的创新试验系统。

一 上海自贸试验区的发展历程和管理体制

2013 年 9 月至 2014 年 9 月的一年间，当上海自贸试验区 1.0 版"打开窗户，新鲜空气才能进来"的那一刻，上海的同志就处于学习创新的氛围和激情当中。当时，笔者在浦东新区人大和上海金融学院任职，也一直用"1、2、3、4"来概括对上海自贸试验区的价值和意义的认识，并且与上海浦东的同志达成了共识，这也为后来的"1、2、3、4"系列总结奠定了起步和基础。这里，笔者作个概要的回忆，一是对上海自贸试验区的开放启航，大家普遍认为是上海浦东又一轮难得的机遇和挑战。1992 年邓小平同志推进了浦东的开发开放，形成了上海外高桥出口加工区等基础性工程，以后的系列推进一起为今天的又一轮浦东的机遇挑战带来了十分可贵的积淀，其中一条主线就是制度创新。二是牵一发而动全身的三次核心优化，形成了上海自贸试验区"面向全球、国家战略"的定位。事实上，上海上报的自贸园区方案经过了时任中央领导的三次核心优化。第一，李克强总理把方案中的"上海自由贸易园区"改为"上海自由贸易试验区"，突出了 1.0 版方案的 28.78 平方公里，明确了先行先试的试验

功能；第二，汪洋同志在"上海自由贸易试验区"前加了"中国"，上海打括号，进一步突出了国家战略；第三，习近平总书记几次亲临上海浦东，对上海自贸试验区工作给予了鼓励和关心，并明确自贸区从重大举措提升为战略举措。三是直面经济全球化的第三波浪潮，抓准未来趋向，顺势而为。四是精妙布局中的四步战略先手，李克强总理在 2014 年 3 月 25 日全国两会后，首次离京就来到上海，召开座谈会，做了战略先手的精妙布局。四步系列是以开放倒逼改革，直接面向前国民待遇和负面清单实行准入制度，深耕亚太以及试验探索可复制可推广经验。"1、2、3、4"的系统认识成为1.0 版上海自贸区建设的开幕序曲。

国务院 4 年多来先后批准了上海自贸区建设的三个方案。2013 年 9 月，上海自贸试验区挂牌成立，国务院批准的《中国（上海）自由贸易试验区总体方案》明确实施范围为 28.78 平方公里，由外高桥保税区、外高桥保税物流园区、洋山保税港区和浦东机场综合保税区四个海关特殊监管区组成，被称为 1.0 版。2015 年 4 月，《国务院关于印发进一步深化中国（上海）自由贸易试验区改革开放方案的通知》明确实施范围扩展到 120.72 平方公里，扩展区域包括陆家嘴金融片区（含世博片区，34.26 平方公里）、金桥开发片区（20.48 平方公里）和张江高科技片区（37.2 平方公里），被称为 2.0 版。2017 年 3 月，《国务院关于印发全面深化中国（上海）自由贸易试验区改革开放方案的通知》明确了上海自贸试验区到 2020 年的建设任务，被称为 3.0 版。

按照上海市委、市政府的部署，2015 年扩区后的上海自贸试验区实行管委会与浦东新区政府一体化合署办公。合署后的管理架构是，在市级层面，设立自贸试验区推进工作领导小组及其办公室，办公室设在市发改委，研究部署自贸试验区改革开放试点任务，牵头与国家及市相关部门沟通协调，负责全市范围自贸试验区制度创新成果复制推广工作。

在管委会层面，由浦东新区承担自贸试验区建设的主体责任，管委会内设 3 个职能局，浦东新区的各委办局实质上同时也是自贸试验区管委会的各委办局，更加强调以自贸试验区的理念和规则开展工作。在片区层面，设立保税区、陆家嘴、金桥、张江、世博 5 个区域管理局，负责做好片区管理、创新落地、功能拓展、企业服务等工作。合署办公是上海自贸试验区扩区以后体制改革的一大特色亮点，这一安排有利于明确自贸区建设的主体责任，有利于统筹协调各个片区和区内区外资源，有利于把自贸区试验的成功经验和创新做法推广到浦东新区全境。

二　上海自贸试验区建设取得的制度创新成果

4 年多来，上海自贸试验区坚持以制度创新为核心，按照"自贸试验区是国家的试验田，不是地方的自留地；是制度创新的高地，不是优惠政策的洼地；是苗圃，不是盆景"的要求，聚焦投资、贸易、金融和事中事后监管等领域，形成了一批基础性制度和核心制度创新。

（一）确立了以负面清单管理为核心的投资管理制度，形成与国际通行规则一致的市场准入方式

对标国际通行规则，制定和完善负面清单，开展了外商投资、境外投资管理和商事登记等方面的一系列制度创新，进一步扩大服务业和制造业对外开放。一是全面实施外商投资和境外投资备案管理。外商投资方面，2013 年制定发布全国首份负面清单，经三次修订后，从 2013 年版的 190 条减少到 2017 年版的 95 条。清单外实施备案制，外商投资的办理时间由 8 个工作日缩减到 1 个工作日，申报材料由 10 份减少到 3 份。90% 以上的投资项目都是负面清单以外的，以备案方式设立。境外投资管理方面，改核准为备案管理，办结时间从

3~6个月缩短至3天。至2018年2月，累计办结境外投资项目近2000个，其中中方投资额累计608亿美元。二是进一步提高服务业制造业领域开放程度。先后推出2批54项扩大开放措施。其中服务业领域37项，制造业等领域17项，累计有2400多个项目落地。融资租赁、工程设计、旅行社等行业的扩大开放措施取得明显成效，落地企业中涌现出一批首创性项目，包括中国第一家专业再保险经纪公司、第一家合资道路运输公司、第一家独资游艇设计公司、第一家独资国际船舶管理公司和第一家执行国际食品安全标准的独资认证公司。三是深化商事登记制度改革。在全国率先开展注册资本"实缴制"改为"认缴制"，"先证后照"改为"先照后证"，建立从办事大厅"一门式"经办处理到单一窗口"一口式"经办处理的模式，推动实现"多证合一"和全程电子化登记，将"一址一照"转变为"一址多照"集中登记，进一步强化网上自主申报等企业名称登记改革。

（二）确立了符合高标准贸易便利化规则的贸易监管制度，形成具有国际竞争力的口岸监管服务模式

通过参照国际上的经验，有关口岸监管部门如海事、海关、检验检疫等部门采取的创新措施接近百项，以寻求构建达到国际先进标准的贸易监管制度，进一步推动区内各类要素如货物、服务的自由流动。一是进一步深化"一线放开、二线安全高效管住"贸易便利化措施。海关、国检等部门推出了"先进区、后报关报检""一区注册、四地经营""十检十放"等一系列创新举措。这些举措使通关效率大大提高，保税区进出境时间分别较全关水平缩短78.5%和31.7%，企业物流成本平均降低约10%。二是实施国际贸易"单一窗口"管理制度。国际贸易"单一窗口"1.0版、2.0版和3.0版已先后建成上线，功能模块增加到9个，覆盖23个口岸和贸易监管部

门，实现了与国家"单一窗口"标准版全面融合对接。口岸货物申报和船舶申报100%通过"单一窗口"办理，服务企业数超过24万家。企业申报数据项在船舶申报环节缩减65%，在货物申报环节缩减24%，累计为企业节省成本超过20亿元。三是探索建立货物状态分类监管模式。采用信息围网技术，实现了保税货物、非保税货物、口岸货物同仓存储、分类监管。目前，保税区域所有符合条件的物流类企业已全面开展货物状态分类监管试点，5家贸易型企业和1家加工型企业开展试点。

（三）确立了适应更加开放环境和有效防范风险的金融创新制度，形成与上海国际金融中心建设的联动机制

围绕服务实体经济发展，以自由贸易账户为载体，促进投融资汇兑便利化，深入推进自贸试验区金融创新和上海国际金融中心建设联动，并建立完善金融监管和防范风险的机制。一是金融创新框架体系基本形成。2015年10月29日，中国人民银行等部门和上海市共同印发了《进一步推进中国（上海）自由贸易试验区金融开放创新试点加快上海国际金融中心建设》，与之前国家金融管理部门发布的金融支持上海自贸试验区建设的51条政策意见和实施细则，共同构成了自贸试验区金融制度创新框架体系。按照"成熟一项、推动一项"的原则推进金融改革，目前已发布8批95个自贸试验区金融创新案例。二是本外币一体化运作的自由贸易账户功能进一步拓展。截至2018年2月，已有56家商业银行、财务公司和证券公司等金融机构直接接入自由贸易账户监测管理信息系统，开立自由贸易账户7万个，通过自由贸易账户获得本外币境外融资总额折合人民币超过1.1万亿元。三是人民币跨境使用和外汇管理创新进一步深化。人民币跨境结算、跨国公司总部外汇资金集中运营、本外币双向资金池等金融创新试点规模化运作。截至2018年2月，人民币跨境结算总额累计

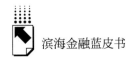

超过 5.8 万亿元，资金池收支总额超过 1 万亿元。四是同步推动金融实现进一步对外开放、改革创新以及对于金融风险的防范。一方面，加快建设面向国际的金融要素市场平台。2018 年 3 月 26 日，原油期货正式上市交易，成为我国第一个国际化期货品种。"上海金"也在国际市场首次上线期货合约产品。中信登信托登记系统数据统计，截至 2018 年 2 月底，全国各信托公司报送各类信托登记已累计超过 3.2 万笔。上海期货交易所的国际能源交易中心、中国外汇交易中心的国际金融资产交易平台等加快建设。另一方面，继续加强金融综合监管协同，加强自贸试验区金融综合监管服务平台建设。目前平台已基本实现了 2 万多家金融企业工商信息、500 家重点类金融企业信息在平台的查询和展示，为金融风险预警打下良好基础。

（四）确立了以规范市场主体行为为重点的事中事后监管制度，形成透明高效的准入后全过程监管体系

加快以自贸区理念推进政府职能转变，探索在一个完整行政区域内一级地方政府的管理新体制、监管新模式，努力做到放得更活、管得更好、服务更优。一是深化"证照分离"改革试点。2015 年 12 月 22 日，国务院批复同意在浦东新区开展首批 116 项"证照分离"改革试点。2017 年 9 月 22 日，国务院发文部署在其他十地自贸试验区复制推广首批改革试点。2018 年 1 月 31 日，国务院批复同意在浦东新区进一步推进 10 个领域 47 项"证照分离"改革试点。目前，新一批 47 项已实施 31 项，16 项正在推进落实中，其中进一步加大改革力度的 12 项，9 项已实施到位。针对"116 + 47"项以外的审批事项，正在分层分类进行梳理，提出相应的改革方案。同时，积极推动上海市和浦东新区实施的许可事项改革全覆盖，重点对企业关注度较高、审批频次较高的 36 项事项加大自主改革的力度，其中 30 项已实施，占比 83%。二是进一步深化事中事后监管体系。制订实施进一

步深化事中事后监管体系总体方案，初步确立了市场主体自律、业界自治、社会监督、政府监管"四位一体"的监管格局。监管方式上，实施精准监管、协同监管、分类监管、动态监管，重点推进"六个双"监管机制（双告知、双反馈、双跟踪；双随机、双评估、双公示）和"信用画像"（采用绿色低风险、黄色中风险、红色高风险对30万家企业进行直观评价）。通过"六个双"监管机制，实现了登记注册、许可审批、行业主管、行政执法等部门间的信息共享、监管协同、联合奖惩，构成聚焦市场主体全生命周期政府监管闭环。截至2017年底，"六个双"监管平台已实现对21个监管部门、108个行业（领域）全覆盖，浦东新区全部32万家市场主体基本信息全部纳入平台。三是建立分类综合执法新体制。率先开展市场监管（工商、质检、食药监、物价检查"四合一"）、知识产权（专利、版权、商标权"三合一"）、城管执法（城市管理领域执法权归并，基本实现全覆盖），推进形成系统、综合、集成的治理体系。四是推进政务信息化。形成"1533"信息化格局（1个一体化政务云数据中心、5个区级政务信息共享交换枢纽平台、30个左右的区级行业政务平台、300个左右的业务应用系统）。建设"三全工程"，企业市场准入104个事项实现"全网通办、一次办成"，个人社区事务188个事项实现全区通办，政府政务信息全域共享，保税区域已实现与80个国家和市区部门信息共享集成。探索建立了首席信息官（CIO）制度，建立网上督查室，实现在线督办、即时查询、实时监管、归集分析、考核评分。

总的来看，上海自贸试验区的制度创新为市场创新带来了充分的活力，为经济的发展注入了动力。一是自贸试验区经济活力明显增强。截至2018年2月，自贸试验区累计新设立企业5.2万户，4年来新设企业数是前20年同一区域企业数的1.5倍。新设外资企业9600多户，占比从自贸试验区挂牌初期的5%上升到20%左右，累计实到

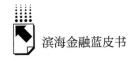
外资 206 亿美元（2017 年全年实到外资 70.15 亿美元，同比增长 13.5%）。二是贸易便利化改革效应持续显现。2017 年全年，自贸试验区完成外贸进出口总值 1.35 万亿元，同比增长 14.7%，占上海同期外贸总值的 42%。洋山港和外高桥港区全年合计完成集装箱吞吐量 3638.2 万标箱，同比增长 7.3%，推动上海港连续 8 年为全球第一大集装箱港。三是自贸试验区有力推动了浦东转型发展。在自贸试验区建设的带动下，2017 年浦东新区地区生产总值增长 8.7%，达到 9651 亿元，三产比重为 74.7%，一般公共预算收入增长 8.5%，达到 996 亿元。上海自贸试验区凭借其 1/10 的面积造就了浦东 3/4 的 GDP 以及 70% 的外贸进出口总额；凭借其 1/50 的面积造就了上海市 1/4 的 GDP 以及 40% 的外贸进出口总额。

三 上海自贸试验区建设取得的可复制可推广的经验

4 年多来，上海自贸试验区大胆试、大胆闯、自主改，探索了新形势下推动全面深化改革和扩大开放的新路径，为全国自贸试验区建设提供了可借鉴的经验和模式。截至目前，上海自贸试验区的改革创新理念和 125 个创新事项以及证照分离一个大类（其中 116 项复制推广）制度创新成果已在各领域不同层次地在全国复制推广。其中，国务院发文复制推广的改革创新事项共有 62 项（国发〔2014〕65 号、国发〔2016〕63 号和国发〔2018〕12 号），其余 63 项分别由海关总署、商务部等国家部门以及上海市有关部门发文予以复制推广。

就复制推广方面来看，投资管理领域，外商投资企业设立备案管理、境外投资开办企业备案管理制度、国际船舶登记制度创新、工业产业生产许可证"一企一证"改革等 44 项改革措施复制推广，有效激发了市场投资活力；贸易监管领域，先进区后报关、期货保税交割海关监管、境内外维修、海运进境集装箱空箱检验检疫便利化措施等40项改革措施，已分阶段有序推广实施，在更大范围内发挥了支持贸易转型升级的作用；在金融创新领域，跨境融资、利率市场化、金融机构及高管准入等23项制度创新成果分层次复制推广，在切实防范金融风险的同时，更好地满足了实体经济对高质量金融服务的需求；在事中事后监管领域，企业年度报告公示制度、企业经营异常名录制度等10项已复制推广，切实提高事中事后监管的有效性和针对性；其他领域制度创新如融资租赁出口退税试点等8项也已在全国复制推广。此外，关于"证照分离"改革试点，为进一步解决"办照容易办证难""准入不准营"等突出问题，加快营造稳定公平透明可预期的营商环境，2017年9月28日，《国务院关于在更大范围推进"证照分离"改革试点工作的意见》（国发〔2017〕45号）提出在天津、辽宁、浙江、福建、河南、湖北、广东、重庆、四川、陕西10个自贸试验区复制推广证照分离改革试点成熟做法。

四 上海自贸试验区建设成效的时代思考

4年多来，上海自贸试验区形成了颇具时代特色的创新试验系统，即一个原则、二组关系、三个方面、四项程序的递进改革系统。创新试验系统在我国已有的11个自贸区行列中，是唯一的由一级地方政府和自贸区合一运行的系统型试验。在120多平方公里的覆盖浦东新区经济密集度最高地区的四个片区组成的上海自贸区土地上试验，牢牢抓住制度创新这个核心，循序渐进地初步形成了面向国际的开放型管理体系、体现透明的市场体系、注重监管能力提升的事中事后体系的以政府职能转变为特点的重要成果，为新形势下的自贸试验区政府职能再造奠定了厚重的基石。

一个原则是服务国家战略。2013年以来，我国迫切需要接轨和

融入全球经济新规则体系的这个战略使命已经成为上海乃至全国自贸试验区开放与改革的政府治理转型的重要目标。其中，实现政府职能的"三化"转换，即国际化、市场化和政府创新化是自贸区服务国家战略的核心要求。政府职能"三化"实现，从根本上的追求，是需要抓住三个基本环节，这就是以国际化为基础动力、以市场配置为追求标准、以政府的监管和服务并举为创新途径，在建立高度开放的管理体系上下功夫，在建立公开透明的市场体系上下功夫，在建立全方位的监管体系和建立效能型的职能体系上下功夫。创新试验系统服务了国家战略，在制度创新的构架上开拓了我国前所未有的战略标杆。

二组关系是优化协同好政府与社会、政府与市场的关系。制度创新的本质是走出试验前的政府主导运行经济的传统思维与路径，把政府与社会、政府与市场两组关系的科学维系进行脱胎换骨型重塑。4年来，已经建立起支撑这两组关系的系列制度架构和衔接这两组关系的运行秩序指南，坚持不懈地在试验进程中贯彻两组关系的循序优化，动态平衡成为创新试验体系中的聚焦中枢。

三个方面是坚持把简政放权、放管结合和优化服务作为制度创新同一系统的三个重要构成部分合一试验，把优化协同政府与市场、政府与社会两组关系放到政府简政放权、创新监管和优化服务的全过程。"放、管、服"的系统试验是一个有机的整体。其中，在政府与市场的关系上，通过"放、管、服"厘清边界，营造出上海自贸区内市场环境的法制、透明与规范，在政府与开放的关系上，通过优化深度国际化的目标，初步探索出以负面清单为核心的投资管理模式，以单一窗口为基础的贸易便利化模式和以安全审慎为重点的风险防范体系，营造出国际化的开放辐射境界；在政府创新事中、事后监管的试验中，通过多元监管格局、平台建设和补齐短板，在市场主体自律、业界自治、社会监督、综合监管与专业监管结合上，初步形成了与政府监管相匹配的立体形态，初步构建起全方位的监管体系，为更活的放、更科学的管和更优质的服提供了重要基础，均衡融合、齐头并进、初展风采。

四项程序是按照梯次递进、循序渐进的逻辑程序，借鉴国际已有经验，把握制度内在的关联顺序的科学规律，依次在清单、标准、规范等递进环节上循序试验，最终形成可复制、可推广的相应的制度系列。通过"负面清单＋权力清单＋责任清单"的改革内容，试验明晰了"法无禁止皆可为，法无授权不可为，法定责任必须为"的政府、企业的法定试验导则，在此基础上，探索循规蹈矩、分类分项的政府职能运作的标准化框架，特别是着力在政府的每一项行政权力的责任及追责上确定具体的清单条目，使责任事项和追责情形——对应、一目了然，从而为"规范"环节的政府行政行为套上"紧箍咒"，在经过分门别类的标准规范运行后，综合汇总，归纳形成了制度的系列集成。其中，梯次递进的成效凸显了虚实相间、以实为主的指导方针，更显珍贵。

简而言之，上海自贸试验区 2013 年以来形成的创新试验体系凸显了上海的时代特色，弥足珍贵。"1、2、3、4"特色的精髓是步调一致、齐步向前，地方一级政府与自贸区管委会一体化运行，体现了自贸区内"政府职能转变"的核心主题，彰显了制度创新的战略价值，也为上海浦东新区努力争当全国自贸区改革排头兵中的排头兵、先行者中的先行者，提供了先发和继续先行的动力和胆略。从这个意义层面上讲，过去 4 年自贸区建设积累的经验体系弥足珍贵，而未来崭新的目标更加催人奋进、任重道远。

五　上海自贸试验区建设中存在的主要问题

一是服务业扩大开放的领先度有所减弱。自上海自贸试验区扩区以后，随着全国自贸试验区的数量逐步增加，上海没有继续在全国单

独推出新的扩大开放举措。相比之下，北京服务业扩大开放综合试点在外商投资飞机维修、音像制品制作业务、建筑工程设计企业外籍人员资格要求、投资性公司设立资质、人才中介机构从业资质以及药物临床试验等 6 个领域已经领先于上海自贸试验区的开放水平。海南博鳌乐城国际医疗旅游先行区在医疗器械和药品进口注册审批、境外医师执业时间、允许境外资本在区内举办医疗机构等方面的开放力度也比上海自贸试验区更大。

二是企业获得感仍需进一步增强。近几年，上海自贸试验区以法治化、国际化、便利化的良好营商环境建设为重点，推出了一批制度创新成果并在全国范围内加以复制推广。但在自贸试验区改革举措的落地细节上关注度不够，一些政策设计比较复杂、准入条件比较高、宣传解释不到位，影响了政策的落地效果和企业的感受度。比如，外商投资负面清单条目虽然在不断减少，但限制措施数量总体上还是偏多，大门开了小门不开的现象依然存在，透明度尚需进一步提升。

三是制度创新成果转化为经济增长动力还不够明显。总体而言，上海自贸试验区对浦东新区乃至全市的经济发展起到了积极的推动作用，在外资、外贸等方面占全市较大比重，但在一些领域制度创新还未形成新的推动力。比如，对平行汽车进口、药品上市许可持有人制度等改革，企业反响很好，但产业集聚效应还不够明显，没有形成新的增长极。

四是改革任务落地的节奏有待加快。受到宏观经济形势的影响，自贸试验区的一部分政策仍处于内部方案研究阶段，还有一些改革举措主要采用个案试点的形式，试点范围有限且没有制定和发布面上的操作方案。比如，自由贸易账户目前仅能提供经常和直接投资等项下的本外币一体化金融服务，原计划依托自由贸易账户开展的境内资本市场扩大开放、个人跨境投资等资本项下创新试点尚未落地。

六　上海自贸试验区金融业开放的新举措

在全国各个自贸区中，上海自贸试验区的金融元素最为突出。从深入贯彻落实中央关于金融服务业扩大开放的战略部署，推进国家进一步扩大金融业对外开放的重大举措实施，加强上海国际金融中心与上海自贸区建设联动，将上海自贸区打造成为扩大金融开放的新高地，以继续保持上海自贸区金融业对外开放度全国领先的地位，进一步形成上海开发开放新局面。考虑进一步发挥好上海具有的两大独特优势，在已有的功能完备的要素市场体系和门类齐全的金融机构体系基础上，在已经形成的金融服务业的产业集群优势的基础上，肩负好历史使命，体现出金融业对外开放的新高度。从具体数字而言，上海浦东集聚了全国接近一半的外资法人银行和外资保险机构，全国管理规模排名前10的资产管理公司有8家在浦东，另有18家机构排名前50，有23家机构排名前100，是国家金融业国际化程度最高的地区。

上海在拓展自由贸易账户功能上也具有相当好的基础。上海考虑进一步深化自由贸易账户本外币一体化业务，支持金融机构依托自由贸易账户开展金融创新业务。据统计，到2018年4月末，已经有56家金融机构通过分账核算系统验收，总共开立71437个自由贸易账户，自贸区内跨境人民币结算总额达到8126.6亿元，占上海的52.5%，已有812家企业发生跨境双向人民币资金池业务，95家企业取得跨国公司总部外资资金集中运营试点备案通知书，其中52家企业已开展试点。

在集聚外资金融机构方面，上海有可能在打造上海自贸区金融业发展新动力上形成新局面。通过一段时间的工作，上海自贸区在落实上海扩大金融开放，争取先行先试多方面举措上，已经储备了一批外资金融项目，已进入项目落地环节。目前，上海自贸区储备

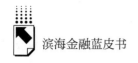
的外资金融机构项目类型涵盖了银行、证券、基金、保险、评级、第三方支付等几乎所有金融业相关领域，既有新设金融机构，也有存量机构申请金融牌照，增加外资股权比例或扩大业务范围等，开放对象涵盖了美国、英国、法国、德国、瑞士、新加坡等发达国家和"一带一路"沿线的土耳其、约旦等国，也有我国的台湾地区等。前不久，上海自贸区的英国苇莱保险经纪公司和怡和保险经纪公司已经获批扩大经营范围，是上海自贸区对外开放新优势的先发体现。

在金融市场对外开放方面，上海自贸区也努力走在前面。上海证券交易所推出"沪港通"，银行间债券市场推出"债券通"，上海黄金交易所的"黄金国际板"平稳运行，上海国际能源交易中心的原油期货正式上市，银行间债券市场和外汇市场的境外投资者主体范围进一步扩大，"熊猫债"发行主体和规模不断扩大。

上海自贸区还四管齐下，为外资金融项目落地做好相关协调服务。简单来说，一是建立起上海自贸区外资金融机构落户服务团队；二是建立起上海自贸区和金融监管部门的精准招商工作例会制度；三是协助外资金融机构寻找国内合作伙伴；四是为外资金融机构提供长期政策支持。

为此，2018年6月，上海自贸区发布了《关于扩大金融服务业对外开放　进一步形成开发开放新优势的意见》，形成了金融业对外开放的25条新举措，包括吸引外资金融机构集聚的新政策，建立便利外资金融机构落户的新机制，构筑全面深化金融改革创新的新平台，开创金融服务科创中心建设的新格局，打造高层次金融人才集聚发展的新高地，构筑与国际规则接轨的金融法制新生态等。可以相信，上海自贸试验区的3.0版必将会在2020年取得重要的新成果。

值此改革开放40周年之际，上海自贸试验区正在认真学习领会、贯彻落实习近平总书记在博鳌亚洲论坛开幕式和庆祝海南建省办经济特区 30 周年大会上的重要讲话精神，按照党中央、国务院推进我国自贸区改革开放的部署和对上海工作的新要求，以习近平新时代中国特色社会主义思想为指导，按照 3.0 版改革方案的优化要求，对需要继续完成的相关任务继续攻坚，力争到 2020 年向党中央、国务院交出满意的答卷。

B.7
中国特色自由贸易港的实践研究：
基于功能、金融融资、自由
账户和国际技术贸易角度

齐欣 安娜 朱红伟 王永猛 贾志凡*

摘　要： 从习近平总书记在党的十九大报告中首次明确提出
探索建设自由贸易港到党中央支持海南全岛建设自
由贸易试验区，推动建设有中国特色的自由贸易港，
我国自由贸易港建设正式从顶层设计走向具体实践。
本报告通过借鉴国际上自由贸易港建设的成功案例，
进行案例分析和数据比较，基于自由贸易港的功能、
金融融资、自由账户和国际技术贸易四个角度，对
我国的自由贸易港的发展路径与潜力进行研究。最
后，提出了未来建设自由贸易港的合理化建议。

关键词： 自由贸易港　金融融资　自由账户　国际技术贸易

---

* 齐欣，经济学博士，教授，博士生导师，天津财经大学国合天财发展战略研究院执行院长，
研究方向为跨国投资、国际经济技术合作理论与政策、跨国公司理论与实践等；安娜，天津
财经大学经济学院国贸系研究生，研究方向为国际经济合作、贸易自由化；朱红伟，天津财
经大学经济学院国贸系研究生，研究方向为自由贸易港建设融资；王永猛，天津财经大学经
济学院国贸系研究生，研究方向为跨国融资；贾志凡，天津财经大学经济学院国贸系研究
生，研究方向为国际技术贸易。

引　言

　　自由贸易港是在国家（地区）境内设立的特定区域，实现货物、资金和人员进出境自由，以税收优惠和特殊海关监管政策为主要手段。2017 年 10 月 28 日，十九大报告中第一次明确提出自由贸易港建设；2018 年 4 月，习近平总书记在博鳌亚洲论坛主旨演讲中强调中国开放的大门不会关闭，只会越开越大；在海南省经济特区成立 30 周年之际，习近平总书记提出支持在海南岛建设自由贸易试验区，推动建设有中国特色的自由贸易港。中国特色自由贸易港正式从顶层设计转向具体实践。

　　从"1 + 3 + 7"11 个国内自贸试验区的"雁阵"格局到中国特色自由贸易港的探索实践，深刻地反映了中国深化改革开放的坚定决心。我国目前处在产业升级、新旧动能转换、提质增效的关键时期，自贸港的建设有利于形成更加开放和自由的营商环境，吸引外商投资，提升贸易自由化和贸易便利化水平，同时自贸港建设也为国内企业提供了一个更好的创新、创业环境。但目前中国并未形成真正意义上的自由贸易港，对标国际上成熟的自由贸易港案例，我国自由贸易港的功能定位是什么？自由贸易港建设在金融融资和自由贸易账户方面又有哪些创新和发展机遇？国际技术贸易在自由贸易港港口服务业中又有哪些新的应用？

　　本报告通过借鉴国际上自由贸易港建设的成功案例，进行案例分析和数据比较，基于自由贸易港的功能、金融融资、自由账户和国际技术贸易四个角度，对我国的自由贸易港的发展路径与潜力进行研究。研究发现：不同地理区位和经济基础的港口有不同的功能定位，沿海经济基础较好的港口多为综合型自由贸易港，内陆空港和陆港功能则偏重转口贸易和物流运输，旅游业发达地区的港口功能侧重旅游

购物；自由贸易港建设过程中的金融融资可以在金融自由化和金融市场监管环境等方面进行创新，在自由贸易港建设上，逐渐取消对外汇的管制，促进资金自由的进入和流出、贸易结算自由，广泛开展融资租赁、离岸金融业务、供应链金融融资业务，为企业提供全面的便捷的融资服务；账户是金融最基础的设施，自由区以金融账户改革为着力点将对金融领域产生深远影响，进一步实现自由贸易港资金的自由流通；应结合港区功能，将国际技术贸易拓展应用在港区内的服务业，在信息传输、仓储和邮政业、金融业、公共交通等行业中，国际技术贸易的应用可以大大提升其产业优势，带来贸易便利化的同时也使得整个港区的运输功能更加完善，运作更加高效。最后，提出了未来建设自由贸易港的合理化建议。

一　自由贸易港的功能与差异化定位

对标中国香港、新加坡、迪拜、鹿特丹等成功国际自由港的发展经验，可以给我国自贸港的政策落地和建设推广提供借鉴。我国自由贸易港的功能定位是什么？在国际上自由贸易港日趋成熟的时代背景下，国内自由贸易港发展的过程中又有哪些差异化的定位？

（一）对标国际自由贸易港的功能定位

港口是自由贸易的整体象征，自由贸易港口的概念起源于欧洲。意大利境内位于热那亚海湾的名为利亚纳的港口，在 1750 年左右，形成了世界上第一个以出口贸易为主要功能的自由贸易港口。随着大航海时代的到来以及二战后世界经济回暖，世界经济一体化的趋势增强，自由贸易港的数量不断增加，自由贸易港功能也趋于多样化。回顾世界自由贸易港口发展的历史，自由贸易港的功能发展有三个主要阶段。

第一代自由贸易港口的主要功能是转口贸易，即贸易货物由出口国运输到第三国的自由贸易港口。具有此类功能的港口主要位于西欧，如德国汉堡港和英国利物浦港。1888年，汉堡自由贸易港成立，主要用于非洲、东欧和南美的转口贸易。作为近年来西欧地区货运量增长最快的港口，汉堡自由贸易港已成为世界领先的交通枢纽和物流中心。北欧、俄罗斯和中国远东是其进出口货物的主要目的地。但是，汉堡港的大部分货物都在欧盟市场内进行。与此同时，全球航运发展趋势为零库存，集装箱的运输方式大大缩短了货物在香港的运输时间。因此对保税的需求减少，欧盟也已实行各国建设保税仓库的普惠政策。因此，2013年1月1日，汉堡自由港正式结束了其124年的历史，但它为具有保税功能的上海自由贸易试验区，提供了一个可横向参照和对比的对象。欧洲国家自由贸易港的衰落，亚洲自由贸易港的兴起，体现了国家在不同发展阶段上依据不同需求所表现出来的不同政策取向。

第二代自由贸易港口可分为两类，一类是工商贸易港口，二战后制造业对区位和运输网络的要求较高。港口区位选择进一步从港口扩展到港口周围的腹地。工商贸易型自贸港促进了地区周边的经济发展，增加了外汇收入，并有效改善当地的就业情况。这些自由贸易港口主要位于拉丁美洲、非洲和东欧。其中，罗马尼亚的苏利纳自由贸易港的建立，使罗马尼亚人口数量激增，但随着城镇的基础设施完善，经贸往来的愈发密切，多瑙河出海口的通航压力愈发增大，航道日益堵塞，限制了苏利纳港的发展潜力，再加上二战后期，苏利纳遭遇盟军轰炸破坏，港口一度关闭。1978年苏利纳港重新开设后，罗马尼亚政府在原有的自贸港口功能之外，还允许外商在港内开办独资、合资企业，并享受税收减免等优惠政策。还有一类港口是旅游、购物型港口，功能是促进观光旅游、商品贸易，这类港口主要分布在加勒比海沿岸。其中，委内瑞拉的马格里塔港通过廉价商品贸易往来

发展了商业和旅游，马格里塔吸引的旅客每年超过 300 万人。旅游、购物型自由贸易港对经济的发展贡献很大。

第三代自由贸易港的功能是综合型港口，主要分布在亚太地区，最有代表性的是中国香港和新加坡自由贸易港。以新加坡自由贸易港为例，20 世纪 60～70 年代，它进一步发展成为一个综合性的自由贸易港口，包括工业、金融、建筑、旅游、外贸、转口贸易以及陆、海、空交通等多元化业务。

根据区位条件、基础设施建设情况和产业优势，不同的自由贸易港具有不同的功能，同一个自由贸易港在不同时间也具有不同的功能。在第一代、第二代、第三代自由贸易港的基础上进行功能细分，自由贸易港的常见功能见表 1。

表 1　自由贸易港的常见功能

常见功能	功能细分
贸易功能	产品内销、商品展示和零售等
口岸功能	出入境、报关、退税、检验、检疫等
加工制造功能	研发、生产、加工、包装、改装、组装、维修等
物流运输功能	装卸、仓储、集散、中转、分拨、配送等
金融功能	银行、信贷、证券、信托、期货、外汇兑换、资金进出和转移等
现代服务功能	货物收集、船舶租赁、船舶管理、港口服务、旅游、教育、医疗等

资料来源：笔者根据巴曙松教授《自由贸易港与金融开放的新探索》进行整理。

（二）我国自由贸易港的功能与差异化定位

回首世界自由贸易港的发展史，自由贸易港的发展核心都是通过吸引资金、物流、信息、技术与人才的集聚，打造区域价值链的核心枢纽。我国自由贸易港在承担上述转口贸易、工商贸易、旅游购物或是综合型港口的功能之外又有着立足省市辐射中国特色社会主义大局的个性化战略定位。

1. 海南自由贸易港建设

回顾海南的政策发展历程：1980年海南行政区建立；1988年，海南经济特区设立，海南省建立；2010年，海南国际旅游岛建设升级为国家战略；2018年，党中央决定支持在海南岛建设自由贸易试验区，支持海南逐步探索和稳步推进中国特色自由贸易港的建设。海南省的战略发展过程体现为，在大国战略原则转型上，我国从融入世界到拥抱世界；在大国战略的着力点方面，我国在求得生存的基础上，不断发展到以追求人类命运共同体建设为目标；在大国战略实施转型上，我国从陆疆必守到海疆开拓；在大国战略中心上，我国从单一中心向多元中心转变。海南作为我国最大的经济特区，不仅拥有相对独立的地理区位，还有经济特区、国际旅游岛等体制优势，因此具备成为全国改革开放试验田的独特优势。如果海南成为自由贸易港口，它将远远超过中国香港、新加坡和迪拜，成为世界上最大的自由贸易港口。因此，海南将成为我国规格最高、自主权最大、规划起点最高、最具潜力的自由贸易试验区港。

从功能上看，对标国际，海南自由贸易港更偏向第二代自由贸易港中的旅游购物型自贸港，主要目标是发展旅游业、现代服务业和高科技产业。立足国内，在《关于支持海南全面深化改革开放的指导意见》中，海南自由贸易港的定位是全面深化改革，以国家生态文明为主的试验区、国际旅游消费类型的中心和以国家重大战略为主的服务保障区。此外，海南同时具备创立国际能源、航运、大宗商品、产权、股权、碳排放权、期货交易中心、教育人才中心的潜力。海南作为自由贸易港有它的独特性。首先，良好的气候和区位优势为生态养老、民俗发展和文化旅游等服务业的发展奠定了基础。其次，海南毗邻广东、香港和澳门，更靠近越南、泰国、柬埔寨、马来西亚等国家。凭借地理位置优势，可实现与广东、香港、澳门、大湾区和北部湾经济区的对接。最后，从地缘经济政治上看，海南可以成为我国南

海的离岛服务中心、南海贸易中心与物流中心、东南亚海上战略中心、南部航天海洋装备中心、南海科技与国际教育中心、低空产业应用中心与邮轮中心。

2. 国内自由贸易区港建设

中国分三批建立了 11 个自由贸易试验区。中国（上海）自由贸易试验区成立于 2013 年，是中国第一个自由贸易区，也是中国自由贸易试验区的 1.0 版。2017 年 3 月 30 日，上海自由贸易试验区改革开放计划提出在海关监管专区内设立自由贸易港区。从功能上看，上海国际自贸港更倾向于第三代自贸港的综合自由港。上海自贸港的特点是贸易、金融和现代服务功能。上海自由贸易港的建设凸显了制度创新。以制度创新为核心，以贸易便利化为重点，形成开放度最高、国际竞争力最强、风险管控有效的贸易便利化制度体系和口岸监管体系，进一步提升政府管理能力。发挥特色优势，加强与上海国际经济、金融、贸易、航运中心和科创中心的深度联动，推进贸易与产业深度结合，主动参与全球产业分工合作，提升国际价值链定位。积极融入国家战略，聚焦"一带一路"建设，打造经济融合、发展联动、成果共享的开放型合作平台，发挥促进经贸系统的支撑服务和辐射带动作用。

中国的自由贸易试验区有很好的发展基础。随着改革开放的不断深入，我国可从已有的 11 个自由贸易试验区中选择具有港口基础、政策基础、经济实力的试验区，将这些试验区逐步升级，使之成为以自由贸易试验区为基础的港口。例如，天津有临海港口的自然条件，经济基础较好，腹地广阔。天津自由贸易区成立于 2015 年，是中国自由贸易区的 2.0 版本。天津自贸区的功能定位是，以创新为核心任务，成为京津冀协调发展的高层次开放平台。对标国际，天津自由贸易港的功能更偏向以工商贸易为主导的综合型港口，融资租赁是其一大特色。天津的优势在于位于京津冀经济圈，离北京近，交通便利，经济基础较好，经济腹地广阔，被赋予了服务京津冀、助推三地协同发展的功能和任务。同时，天津离蒙古国、俄罗斯、韩国、朝鲜比较近，可以通过出海参与东北亚经贸合作。天津自贸区也将进一步扩大在汽车、飞机船舶维修等先进制造业领域的开放程度，率先开展租赁产业配套的外汇制度创新，引导自由贸易区保理企业开展离岸、跨境、跨省市国际保理合作。

3. 空港和陆港型自由贸易港建设

自由贸易港不仅仅局限于东部沿海港口城市，也可以拓展到中西部大型航空港。建设内地空港型自由贸易港，辐射中亚、西亚、南亚、欧洲，同时配合"一带一路"建设。在空港方面，2017年国家在四川设立了自由贸易试验区，以建成双流自由贸易港，对标国际，其功能是转口贸易和物流运输。自由贸易试验区强调深化改革，自由贸易港口正在扩大和开放。双流自由贸易港的建设主要以"机场"为基础。需要及时运输等时效性较强的产业、与全球价值链中的航空运输有关的各类飞机制造和维修产业、附加价值高的产业都是空港经济重点服务的产业类型，所以打造空港型自由贸易港可以为全国自由贸易港建设提供示范效应。双流自由贸易港应注重创造更好的政策环境，如为外商投资企业提供税收优惠，促进各种产业链的生产、加工和制造。积极争取更大的自主权，建立相应的容错机制，大力拓展开放性，为自由贸易港口建设奠定基础。

自由贸易港口也可以扩展到内陆和边境港口类型的陆港城市。在陆港方面，新疆乌鲁木齐优势明显，其主要功能是转口和工商贸易，特色也是物流运输能力。乌鲁木齐是新疆维吾尔自治区的政治、经济、文化、科学和金融中心，对内辐射中国西北地区，对外连接中亚和西亚，也是中国"一带一路"建设布局的重要支点城市。独特的地理位置为乌鲁木齐国际陆港区的建设提供了机会。乌鲁木齐国际陆港区规划始于2015年，三年来从计划到摸索实践，如今已初见成效。

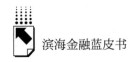

乌鲁木齐国际陆港区作为"一带一路"建设的重要支点，依托"集货、建园、聚产业"的思路，在空间布局上，由"四场地四中心四园区"组成，构建内外联动的"一带、两核、多支点"开放式格局，打造成为"丝绸之路经济带"上中国国际铁路的主要港口。若乌鲁木齐国际陆港区建成，将很大程度上降低从乌鲁木齐西亚和中亚地区出口产品的运输成本和时间成本，提高全疆产品出口量和进出口额，提升新疆本土产品在中国、西亚和欧洲市场的竞争力，辐射西北经济腹地。

二 自贸港金融融资策略分析

改革开放四十年来，我国经济步入快速发展时期，金融开放也进入新的发展阶段，我国与其他国家之间的贸易联系日益加强。在世界经济一体化的形势下，全球经济逐渐东移，全球各个区域加强开展自由贸易区相关协议的谈判。自由贸易区（FTA）战略作为国际贸易竞争的主要手段，在贸易结构上，服务贸易对世界经济发展的作用越来越突出，而建设复合型自由贸易港也成为未来经济发展的新趋势。目前，上海、天津、广东、福建、浙江等省市纷纷表示要追随经济发展新形势，提出建设具有自身城市特色的自由贸易港，希望通过增强自由贸易区对外开放的层次和系统性，放松更多金融管制，建立金融融资的新方案。

（一）自由贸易港建设

自由贸易区在用于再出口商品的关税免除上不同于其他关税区，该区域中的进口贸易品不进入国内市场就可以享受关税豁免。自由贸易港不仅范围更广，还具有特殊的运作模式，主要体现在自由贸易区仅仅开放与货物流通相关的方面，自由贸易港实行的是全方位的对外开放，包括货物、货币、人员、信息等的流通和法律监管方面全方位的变革。自由贸易港的建设意义不仅有利于中国国内省份的发展，更有利于促进中国"一带一路"倡议的实施和贸易强国的战略安排。

自由贸易港建设的必要性，从世界经济贸易竞争方面上看，建立自贸区（FTA）已经成为国际贸易竞争的重要途径；依据我国国情来看，自由贸易港战略的实施不仅顺应了"一带一路"倡议，有利于全球自贸区系统网络的建立，同时也成为解决中国经济进入新常态所面临问题的有效策略。当前服务贸易成为全球经济贸易越来越重要的部分，贸易、投资、金融自由化程度持续增强，离岸业务对于全球资源配置的作用愈演愈烈，因此自由贸易港的建设将促进全球各地区的深化改革和进一步发展。

国际金融货币体系的重建有利于促进中国金融业的发展，自由贸易港可以在特定的离岸—在岸互动开放路径中享有独特的地位，减少人民币国际化过程中存在的主要风险因素，通过放松对外汇兑换的管制来进一步推动人民币国际化的进程。随着"一带一路"倡议逐渐发展为中国经济增长的新动力，相关地区通过创新自由贸易试验区相关制度体系，在"一带一路"建设的实施基础上，使贸易方面的便利化水平不断提高，税收方面的相关体制机制不断加强和完备，以及以金融外汇管制、市场准入政策等措施来完善自由贸易港的金融市场机制体制。

（二）中国香港、新加坡自贸港金融融资政策及启示

1. 香港金融开放

（1）投融资汇兑较为自由。香港作为较大的金融中心城市，不仅拥有较完善的法律监管制度，同时也具有与国际标准相适应的会计准则，健全的银行网络体系，使得资金和资讯的流动更加全面并且没有任何的阻碍。而且，具有完善的交易、结算及交收设施，香港特区

为企业提供了绝对便利的金融融资服务。

资本市场完全开放。在香港特区内，在外资公司参与当地的证券交易方面，相关政策法律没有加以干预的规定。外企或个人只需建立买卖证券账户即可在港进行相关交易。香港拥有全球最开放的债务市场。国外投资者可以自由购买香港金融市场发行的任何债务工具，境外借款人也能够通过完全自由地使用本地金融市场发行的各种债务工具完成融资任务。

对外融资自由。借助发达的金融体系和国际金融中心的优势，香港能够为企业提供全面的融资途径，融资自由度极高。资金周转对经营企业具有重要作用，能否顺利快捷地融资对于企业来说具有重要的影响。商业融资服务和贸易融资服务是香港融资服务优势的主要方面。对于商业融资服务而言，香港的金融市场从租购、租赁、贷款、项目融资、透支到发行股票债券、运营资金贷款、利得税贷款等，其金融机构都能够为企业提供最为便利且优质的金融融资服务。对于贸易融资服务而言，无论是进口贷款、提货担保还是出口装运前的相关融资、赊账贸易等，香港金融市场内的银行机构都能为其提供便利的服务方案。此外，香港的金融机构借贷金额额度没有任何限制，而且对与金融机构进行长期合作的企业还会提供优惠政策，并且极度重视对中小企业的相关业务服务。部分金融机构还会专门为中小企业成立业务部为其提供全面且具有特色的融资服务。

逐步确立金融监管制度。香港特别行政区通过设立专门的法律法规和监管机构来监管金融业的运作，通常是根据国际的监管标准，主要防范事前风险。香港极力促进当地银行系统的竞争和产品创新，但要保证银行系统的稳定性。香港的监管机构对于企业的融资活动具有较高的自主权，政府很少会对其进行干预。与此同时，香港还吸取了英国自贸港建设的相关经验，利用行业协会使企业活动得到更加安全的保障。

（2）资金跨境自由流动有保障。香港对于货币的买卖和国际资金的流动同样不会加以干涉。1973年和1974年香港先后取消了对外汇和黄金的监管，并且实现了外汇和黄金市场全方位对外开放。不管实施哪种汇率制度，香港当地以及境外的资金都能够在香港金融市场上自由进出和流动，这项措施在很大程度上促进了香港金融业的发展。

2. 新加坡金融开放

新加坡是全球对外开放程度最高、机制体制最完善、金融市场发展最为成熟的自由港之一，实施的相关贸易和投融资政策是全球范围内最自由开放的。其金融市场从内外分离转变为内外一体，开放程度极高，可以为企业提供最全面的金融服务。

（1）融资汇兑自由。新加坡成为世界第四大金融中心，采取了全面取消对外汇兑换监管的措施，全面开放其金融市场。只要提交银行要求的开户相关文件，外资企业就能在新加坡自由地开设银行账户。外资企业办理融资业务时，可以在新加坡当地银行、外资银行或其他金融机构申请办理。新加坡国内的企业发展局以及经济发展局等相关机构提出实行新企业发展计划、企业家奖励计划等方案，为外企提供了很多融资方面的优惠，极大地促进了企业在金融市场中投融资业务的开展。

（2）资金进出逐步放宽。新加坡金融市场由典型的内外分离型转变成内外一体型。最初，新加坡国内的商业银行和其他金融服务机构虽然都可以提供离岸服务业务，但是每个业务均需建立独立的账户，且对其管理需分开进行。1997年爆发金融危机后，为恢复金融市场的稳定，新加坡实施了一系列创新金融市场管理体制的措施，取消了对资金进出的管制，使其能够自由地流入和流出新加坡金融市场。

（3）金融服务日益发达。新加坡金融市场可以为企业提供全方位的融资服务。只要符合相关融资条件，任何企业均可在新加坡证券交易所发行股票和债券。新加坡融资租赁和项目融资市场的发展也很成熟，可以为企业提供非常全面的融资服务，而且对于不同类型的融资业务，新加坡金融市场会对其提供不同的融资方式，这些措施极大地促进了新加坡金融市场的快速发展提升了对外开放水平。

3. 经验启示

香港自贸港和新加坡自贸港具有完善的制度建设且发展极度成熟，为其他地区制定和建设自贸港提供了具有重要意义的经验和启示。将香港和新加坡自贸港建设过程与我国其他地区探索建设自贸港进行比较可以看到自贸港建设过程中所存在的问题。因此，我国其他地区可以充分借鉴和吸收中国香港、新加坡自贸港建设的成熟机制体制和先进经验，大胆进行自贸港的金融创新，开放自贸港区域内的金融市场，为企业提供全面便捷的金融服务。通过相关文献整理，可以构建金融开放程度评价框架，通过评价框架对自由贸易港的金融融资开放程度进行综合测度。自贸港区域内的企业可根据测评结果选择各自的可行性融资方式，促进复合型自由贸易港建设。

金融开放评价框架见图1。

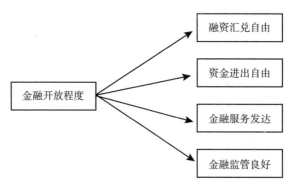

图1 金融开放评价框架

资料来源：笔者根据文献整理。

（三）促进自贸港金融融资持续健康发展的措施

1. 新加坡自贸港实行全面开放的金融市场措施

新加坡全面放开对外汇的管制，自由进行融资汇兑，提供相关开户文件的外资企业可以在当地自由开立银行账户并进行融资业务。因此，我国在自贸港建设过程中也可以参照新加坡的金融开放路径，在自贸港内建立起完善的机制体制和监管机制前提下，放松对外汇的管制。

2. 中国香港、新加坡自贸港离岸金融业迅猛发展

新加坡在金融业发展过程中不仅注重防范市场中的潜在风险，还鼓励金融机构不断创新，使得金融市场的资金可以自由流动。同时实行融资汇兑自由制度，并完全放开了对外汇的管制，使金融机构能够为企业自由地开立银行账户。香港作为全球范围内较大的金融中心，融资汇兑自由，是亚洲地区唯一一个融合了离岸业务与本地业务的"一体化中心"地区。因此，借鉴中国香港、新加坡金融开放经验，全面拓展自贸港金融市场的对外开放，使自贸港内资金进出自由、贸易结算自由、离岸金融业务广泛开展，为企业提供全面的融资服务。

3. 供应链金融虽然处于发展的初级阶段，但作为最重要的金融融资工具也要广泛运用于自贸港建设中

随着融资规模的不断扩大，供应链金融机构之间可以进行合作，为不同形式的供应链产业提供全方位的融资服务。包括资金支持和资产管理服务等，如为跨国公司提供资产管理服务。金融机构仍可以利用离岸市场中的外币和人民币，为企业提供全面且多元的金融服务。此外，金融机构还可以根据大宗商品交易的特征、商品交易的不同阶段来为企业提供诸如仓单融资、预付款融资等新型的金融服务。

4. 自由贸易港建设过程中还应防范融资风险

如今，我国自由贸易港建设主要面临两大金融风险。一是金融业

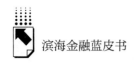

务易不稳定。随着自由贸易港内金融市场逐渐开放，交易范围不断扩大，进而形成全方位的金融体系，不稳定因素大大增加。二是自由贸易港全方位对外开放的金融市场很容易受到境外市场的影响。因此，为了防范这两大潜在的金融风险，我们可以通过加强对自由贸易港内金融业务的监管，很好地预期并防范可能出现的金融风险，还可以通过加强自由贸易港内金融市场的建设来防范金融风险。在自由贸易港内利用金融机构准备充足的资产供企业投融资业务的开展，结合离岸市场和在岸市场业务，充分扩大自贸港内金融市场的对外开放程度。

（四）结论

自由贸易港虽处于筹划阶段，但已有很多成功的案例可供借鉴，从中国香港、新加坡自由贸易港金融开放政策来看，自贸港建设中金融融资的主要方向是放松监管制度、为企业提供全面的融资优惠政策、促进要素的自由流动，从而推动自贸港金融市场的开放和经济的发展。参照中国香港、新加坡的自由港建设过程中的金融政策，未来自由贸易港建设过程中的金融融资可以在金融自由化和金融市场监管环境等方面进行创新。在自由贸易港建设的基础上，逐渐取消对外汇的管制，促进资金自由的进入和流出、贸易结算自由，广泛开展融资租赁、离岸金融业务、供应链金融融资业务，为企业提供全面的、便捷的融资服务。

三 自贸港的自由贸易账户特征及其作用

2014年6月18日上海自由贸易试验区正式启动分账核算管理下的自由贸易账户业务。自由贸易账户是在分账核算体系下建立的本外币账户，并且账户能自由进行币种的兑换，在跨境投融资、人民币境外使用等方面也具有自由化、便利化的作用。此外，对研究和探索关于内部风险的管理和控制有必不可少的积极影响。账户是最基本的金融基础设施，是深化金融改革，推动业务发展的关键。

目前，自由贸易账户按照区内和境外，根据适用对象不同可细分为五类自由贸易账户，详细见表2。

表2 五类自由贸易账户

	自由贸易账户名称	前缀标识	适用对象
区内	区内企业	FTE	区内依法成立的企业和境外机构在试验区内注册
	区内个人	FTI	指在试验区内工作
区内/境外	同业机构	FTU	其他金融机构的试验区分账核算体系和境外金融机构
境外	境外企业	FTN	境外机构
	境外个人	FTF	1. 持有中国境内就业许可证且在试验区内工作一年以上的区内境外个人 2. 符合相关标准的外籍人才 3. 在"上海科技创新执业清单"内机构就业的持有境外永久居留证的中国籍人才 4. 境外个人、在华国际组织工作的国际雇员（包括外籍及中国籍）

资料来源：在陈文成《自由贸易账户论——关于中国自由贸易试验区金融改革方面的理论与实践》一文的基础上进行整理。

（一）自由贸易账户的基本特征

1. 本外币一体化管理

本外币账户统一是自由贸易账户最基本、最主要以及最核心的特点，在我国账户管理方面创造了历史性突破。过去，我国银行账户根据币种实际分设为人民币结算账户和外汇账户两大分隔体系，账户在开立、使用、变更、监管和撤销过程中分隔管理，管理机关（分别为中国人民银行和国家外汇管理局）、管理方式、管理理念、管理规则均有不同。机构人民币结算的账户根据账户主体不同分为境内机构人民币账户和境外机构人民币账户，境内机构人民币账户主要分为四类：基本账户、一般账户、专用账户和临时账户。境外机构人民币账户也主要分为四类，分别是：基本账户、一般账户、专用账户和特殊类型人民币账户。外汇账户根据账户属性和账户收付目的主要分为三种：经常项目外汇账户、资本项目外汇账户和其他类型外汇账户。具体专用类别分 76 类，并且专款专用专项管理。

长期以来，我国在本币账户与外币账户相互隔离的管理模式上存在较多问题。首先，不利于开户主体的国际化竞争。由于我国各账户体系相互分割，不同账户具有不同的管理规则，账户之间资金不能相互划拨或者在划拨中存在很多制约。比如，企业尽管有本币账户和外币账户，但企业在开具发票时，只能以其中一个账户资金余额为准，否则将视为空头支票遭受处罚及出现信用问题。本外币账户割裂式管理必然加大了企业集中合理地统一配置资金的难度，加大了成本，降低了效率，形成资源的浪费，使企业更难以在国际市场上形成可持续的竞争优势。

其次，加大了国际资金流动的风险。一方面，本外币账户分隔式管理，其管理体系不同，不利于对微观主体的全面监测，主要原因在于人民币对外账户在《人民币银行结算账户管理办法》体系下根据资金用途分为四类，而外币账户根据资金的来源、开户主体性质、行业性质等将账户分为多类。另一方面，涉外资金数据统计不一致，统计数据存在差异，难以衔接和整合，加大了资金宏观管理的难度。如今，中国大力推动市场经济，资本市场逐步开放，人民币国际化地位日益提高，影响国际资本流动及汇率变化的因素也更为复杂和多样。所以，某个因素将可能成为引发资金流动危机的主导，并且随着时间的推移，各因素之间可能相互影响，动态地演变和发展助推了资金流动危机的形成。

在特定历史情况下，政策上对本外币涉外账户体系设置较多的限制具有其合理性。就人民币账户体系而言，保障了社会金融体系的秩序稳定、现金流动性、合法性和社会资金安全。就外币账户体系而言，对我国长期追求出口创汇和积累外汇储备的要求起到保证作用。但随着国际社会对人民币认可程度越来越高，人民币国际化地位提升，以及我国逐步扩大资本市场开放，需要单一账户和统一的管理规则以适应和促进我国发展的需要。自由贸易账户本外币合一且账户内自由资金兑换，一个账户多个币种，极大地满足了各种国际商务活动对资金的管理，降低了资金流动风险的隐患。

2. 居民与非居民账户统一

根据开户主体，我国现行账户体系主要分为居民账户体系和非居民账户体系两类。在管理规范和原则方面，两种账户互有差异，一种是在岸类型的账户，另一种是离岸类型的账户。其中居民账户体系主要分为一般人民币账户和境内外汇账户，而非居民账户体系主要包括境外非居民账户（NRA）和离岸金融账户（OSA），这些账户主要是指境外机构在境内注册的账户，NRA账户又分为本币账户和外币账户，OSA账户皆为外币账户。而自由贸易账户可以为适合的居民和非居民开设且适用规则实现统一，并且自由贸易账户实现资金与本外币NRA账户与OSA账户之间的相互划转。除了三者账户资金都按活期利率计外，禁止不办理现金存取业务。从自由贸易港建设中资金自由流动角度分析，三者还存在很多不同：自由贸易账户不占用外债指标，自由贸易账户本外币合一资金可自由兑换。

（二）自由贸易账户的基础功能

自由贸易账户自从设立以来，便具有了开设账户、开展存款类型业务、办理支付和结算等一系列人民币类型的银行结算账户所具有的基础功能。

1. 吸收存款

通过 FTU 类型的银行类金融机构，实现吸收公众存款的功能。此外，非银行类型的金融机构，只是通过面向特定对象开展业务，实现吸收存款目的（其中财务公司能够向成员单位吸收存款）。利率是吸收存款的核心，目前，外汇资金由银行自主定价，人民币资金存款利率参照人民银行公布的同期基准利率，上下限不超过 10%。自由贸易账户具备先行先试人民币利率市场化改革的条件，原因如下。首先，自贸区小额存款利率上限放开，金融机构自主定价权增大，使企业获益。在境内区外的单位大额存款利率议价门槛下降，方便了企业可以自由调配存款。其次，自由贸易账户与境外账户资金自由流通，价格与境外价格接近。境内金融系统与区内资金相互隔离，自由贸易账户可以与区内同一主体其他结算账户有限流动。可见，自由贸易账户在区内利率自由化和境内区外有管制利率之间起到过渡作用。

2. 支付结算

当客户进行 TT 汇款、信用证、电子商业汇票等境内或跨境支付结算时可以通过自由贸易账户办理。机构自由贸易账户之间还可以使用电子商业汇票。电子票据透明度高、安全性高、降低操作风险、交易成本低，利于统一票据市场的形成。

（三）自由贸易账户与投融资汇兑的关系

自由贸易账户以宏观审慎监管为核心，同时基于"一线放开""二线管住"的基本管理原则，自由贸易账户不仅具有人民币银行结算账户的基本功能，并且在企业支付结算和货币汇兑和跨境投融资方面发挥高效、便利化的作用。

1. 与货币汇兑的关系

中国人民银行于 2015 年 4 月 22 日，正式公布了上海市在开展属于自贸试验区有关分账核算业务的金融机构可正式启动本外币自由贸易账户金融服务。账户外币功能启动后，账户内本外币之间，以及外币之间可以实现自由兑换。同时，设立分账核算单元的非银行金融机构可以取得自动买卖外汇资质。

过去企业收到外汇不能直接存到国内账户，必须提前兑换成人民币，在兑换的过程中存在兑换成本。如今，企业开设自由贸易账户后，可以根据自身需要自由进行币种的兑换，省掉了兑换成本。另外，自由贸易账户还可以增厚企业进出口收益，因为自由贸易账户结汇时，采用离岸人民币市场汇率，最高时人民币汇率比在岸汇率高1000个基点。企业也可以外币币种存在自由贸易账户中，根据国际市场外汇汇率变化，择机进行结售汇，更好地管理汇率带来的风险。

2. 与跨境投资的关系

自由贸易账户本外币规则的统一更有利于企业和金融机构统筹境内外两个金融市场，便利企业金融活动，降低投资成本。跨境投资根据资金流向可以分为境内资金投资境外、境外资金投资境内。自由贸易账户促进了投资的便利性。

境内投资境外。区内合格个人、机构或者金融机构可以通过自由贸易账户进行境外投资。从同名一般人民币结算账户将资金划到 FT 账户，在 FT 账户内直接进行汇兑，再通过 FT 账户将资金划到境外进行对外投资。对于区内合格个人来说，在区内获得个人收入可以进行境外证券投资，不再受到合格境内机构投资者制度限制。

境外投资境内。通过自由贸易账户对境内投资，根据投资主体不同，可分为非居民个人对境内投资和非居民机构对境内投资。一是符合条件的非居民个人可通过 FTF 账户直接投资境内，但目前 FTF 开户主体较少，应当扩大范围。二是非居民机构可通过自由贸易账户直接投资于境内实业。具体流程：境外企业在自贸区设立全资子公司并开设 FTF 账户，境外机构可以将资金划到 FTF 账户上，子公司再将该笔资金划到同名一般人民币结算账户上，再用于新设、并购、增资

等实业项目投资。

3. 跨境融资

自由贸易账户提高了融资的效率，促进了实体经济的发展。区内企业可以通过自由贸易账户直接向境外贷款和借款来融入人民币资金，但规定借用人民币资金不得用于投资有价证券、衍生产品，不得用于委托贷款。区内银行金融机构进行的境外人民币借款必须进入试验区分账核算单元，在区内使用，服务于实体经济建设。

资金投资于境内区外时必须划转到一般人民币结算账户中，并且机构自由贸易账户与境内（含区内）机构非自由贸易账户之间产生资金划转时视为跨境业务管理。在政策法规相关要求下，对于非金融机构的境内交易，归属于同一自由贸易账户和来自其他银行的账户之间结算业务，允许办理人民币项下的资金划拨。自由贸易账户设计的出发点是满足实体经济的需求，而其着力点则是促进投融资的便利化。

（四）对建设自由贸易港的作用

自由贸易港是贸易和投资自由化、便利化的开放地，在功能上实现货物贸易不通关、不设卡的自由流通，在资本和人才流动上也更加便利化。实现高水平的自由贸易和便利化投资的机制，完善金融基础设施和提升金融领域高度开放是探索建设自由贸易港的关键。具有中国特色的自由贸易港，既不能建成金融领域优惠政策的"洼地"，也不能建成缺乏国际竞争力的"高地"，而是要探索出一套既符合中国特色又能与全球国际金融中心标准和制度环境接轨的金融模式，实现自由贸易港资金的自由流通。账户是金融最基础的设施，自贸区以金融账户改革为着力点将对金融领域产生深远影响。

在投资融资等方面，自由贸易账户坚持的总体原则是"成熟一项，推动一项"，为建设自由贸易港投融资便利化积累经验。自由贸易账户启动了外币功能后，在账户内实现了本外币资金的自由兑换，便利了个人跨境投资，促进对外融资便利化。区内合格个人可按规定开展包括证券在内的各种投资，区内机构也可按规定在境外融入资金，自由贸易账户与普通账户最大的区别是取消了很多审核程序，简化了流程加快了资金流通速度。

在汇率、利率市场化方面，本外币一体化管理，为企业更好地统筹利用境内外两个市场、本外币，汇率接近离岸价格，自由贸易账户内小额外币存款利率上限放开。

在监管方面，自由贸易港实施"一线放开，区内自由，二线管住"的监管体系，与自由贸易账户"一线放开，二线有限渗透"的基本管理原则极其相似。目的是以隔离风险为前提，保证汇率、利率风险不会传到区外境内。

从本质上讲，自由贸易账户的意义在于其创新试验功能，包括本外币一体化的账户管理模式、跨境资金管理模式等，对积累可复制、可推广的经验具有长远意义。有利于推动国际自由贸易港金融中心的建设。未来一段时间，依托自由贸易账户体系，围绕自由贸易港国际金融中心建设的各个要素，推动金融市场实现双向对外开放，打开境外融资的通道，推动自由贸易港建设。

四 自由贸易港中的加工升级与国际技术贸易

（一）我国加工贸易发展现状

基于我国特殊的国情与特色的经济发展政策，改革开放后，开始出现加工贸易，历经近四十年的发展，中国的加工贸易经历了从零贸易量到进出口贸易额到对外贸易总额的比例增加的过程。综合来看，以我国加入 WTO 为节点，其发展大体分为两个阶段：改革开放到入世前的来料和进料加工稳步发展阶段，以及入世后的加工贸易商品结构转型阶段。在改革开放初期，中国主要集中在加工阶段，并在 20

世纪 80 年代后期，为了进一步减少加工贸易的控制和数量限制，国务院发布了一系列改革措施，以改善新材料的加工。1978～1987 年，我国进口材料的进口加工量从 13.3 亿美元增加到 116.71 亿美元。我国对外贸易总额的比例从 1980 年的 3.4% 上升到 1987 年的 14.1%。

1988 年，海关总署颁布了《进口货物进出口管理办法》，促进了饲料加工业务的快速发展。同年，综合加工贸易保税制度实施后，加工贸易进出口占中国进出口总额的 1/4，在 1992 年升至 43%，自 1995 年开始迅速上升，1995 年占出口总额的一半。自 2001 年 11 月加入世界贸易组织以来，中国一直处于加工贸易的第二个发展阶段。加工贸易商品的结构已转向高科技产品，加大了国际技术贸易的发展。自中国成为主要贸易国以来，加工贸易占进出口贸易总额的比例并没有太大波动。2001 年，加工贸易出口 1475 亿美元，比上年增长 7.1%，占出口总值的 55.41%。如表 3 所示，2017 年，加工贸易进出口额高达 11900.1 亿美元，但贸易比重下降到 29.1%。中国加工贸易占对外贸易总额的比重逐年下降，但贸易额呈现上升趋势。加工贸易在中国参与国际分工和国际贸易中的重要作用不容否认。纵观我国国际贸易的发展，加工贸易无疑对我国成为贸易大国起重大的推进与决定作用，因此，在我国发展中国特色社会主义经济的历程中，加工贸易仍然是一个重要且不能放弃发展的贸易战略。

表3　2007～2017 年加工贸易进出口额及所占贸易比重

单位：亿美元，%

年份	加工贸易进口额	加工贸易出口额	对外贸易总额	贸易比重
2007	3684.74	6175.6	21765.7	45.3
2008	3783.77	6751.14	25632.6	41.1
2009	3222.91	5868.62	22075.4	41.18
2010	4174.82	7402.79	9740	38.93
2011	4697.56	8352.84	36418.6	35.83

年份	加工贸易进口额	加工贸易出口额	对外贸易总额	贸易比重
2012	4812. 75	8626. 7	38671. 2	34. 75
2013	4972. 75	8610. 26	41596. 9	32. 65
2014	5243. 8	8843. 6	43030. 4	31. 44
2015	4470	7977. 9	39586. 44	31. 44
2016	3967. 1	7158. 7	36823. 2	30. 21
2017	4312. 1	7588	41044. 7	29. 1

资料来源：张秋平《基于价值链视角的我国加工贸易行业发展水平统计途径探究》、商务数据中心。

（二）自由贸易港中的加工贸易

1. 自由贸易港发展历史

自由贸易港是指为了促进一国或地区的经济发展，设立在本国或地区的境内关外，使资金货物能够自由进出，并对外国出入境货物不征或少征部分关税的特定区域。据现有研究，自由港的发展可划分为以下三个阶段。

第一阶段：1547 年至二战结束。在这个阶段，自由港的发展主要是基于数量的扩大，港口的功能主要是单一的转口贸易。1547 年，Regggen Freeport 建立了历史上第一个自由港，促成了意大利热那亚湾地区经济的快速发展。贸易规模空前发达，随后各个地区效仿建立自由港，以便各国之间的货物流通和经济往来。但是，该职能仅限于商业利益的单一再出口贸易活动，并起到货物配送中心的作用。据不完全统计，截至第二次世界大战结束时，世界上大约有 50 个自由港。由于欧洲列强资本扩张，中国香港和中国澳门在 1841 年被辟为自由港。

第二阶段：二战结束至 20 世纪 70 年代末。这一阶段自由港的数

量增长缓慢，功能开始完善和综合，即由二战前单一的转口贸易业务逐渐转向直接经营贸易以及出口加工业，一些自由港已经开始扩大其职能，重点是港口区的转口、工业、金融、旅游、贸易和其他行业。最初建立一个综合港口区域，中期中国香港和新加坡自由港更具影响力。

第三阶段：20世纪80年代至今。20世纪80年代后，世界自由港开始了数量和功能一并拓展的新发展时代。设港地区生产力水平较低，大多数自由港建立在亚太地区，并且以功能多元化为主要目标。

中国自由港区的发展起步较晚，保税区的建设在20世纪90年代才开始。2013年9月27日，国务院批准设立中国（上海）自由贸易试验区，并决定于2015年4月20日扩大中国（上海）自由贸易试验区的实施范围。后来，建立了包括广东、天津、福建和辽宁在内的10个自由贸易区。2018年4月13日，习近平总书记宣布，中共中央决定支持在海南岛建设自由贸易试验区。

经过400多年的不断发展，随着经济全球化和国际分工的深入，自由贸易港极大地促进了国际贸易和全球经济的发展。作为我国最重要的贸易方式，加工贸易随着港区建设的优化和完善也需要重新考虑转型升级。

2. 加工贸易的现存问题

（1）整体竞争力较低，加工贸易增加值较低

基于中国生产力的长期发展，加工贸易发展以来，国际分工状况一直较低，主要从事加工装配，产业布局水平较低。位于高端产业的份额很小，重心仍然是传统的来料加工和进料加工，加工贸易整体竞争力较低，传统的劳动密集型产业逐渐失去优势，各企业的研发和创新能力需要升级，迫使加工贸易探索转型升级的新路子。另外，此类加工贸易的增加值所带来的附加值水平仍处于较低层面。一是由于企业掌握核心技术的能力不足，产品设计多模仿少创新，严重缺乏自主

创新升级意识和行动，从而导致产品趋同化问题严重；二是多数企业对进口技术的消化吸收能力差，在改良创新技术层面出现缺口，因此产品长时间单一化，优化升级速度缓慢，严重阻碍了加工贸易附加值的增加。

（2）环境治理不到位

传统的劳动密集型产业资源投入量大，技术含量低，出现了一定程度的资源浪费，造成了严峻的环境污染状况，由此带来的我国加工贸易的飞速发展使得环境持续恶化的形势违背了新贸易保护体系要求产品生产本着保护环境和人类健康的宗旨。因此，我国加工贸易出口产品不断受阻，高污染、高耗能的加工制造项目逐渐失去竞争力，加工贸易产业急需创新技术来改善环境污染的生产弊端，带动产业走向绿色发展。

（3）管理政策存在漏洞

虽然中国是一个市场经济体系，但其发展仍然不完善。一是缺乏健全统一的监督管理条例，多地区管理政策并不统一，各部门信息交流不到位使得对加工贸易的监管滞后，技术标准的不规范、不统一，导致管理出现漏洞。二是税收政策限制了加工贸易的发展。

（4）物流体系欠优化完善

目前，港区内缺乏完善的自主物流中心，仍依靠第三方物流企业完成其相关配送业务。如果双方配合不力，信息交流不及时，就会引起物流不稳定、仓库信息不准确、滞留和错发等现象的发生。并且，第三方物流企业缺乏对港区内企业产品生产的深入了解，容易出现产品在物流途中损坏的情况。因此，发展自主的国际物流中心变成自由港健全发展的一个重要任务。

3. 加工贸易的转型升级建议

（1）拓展加工贸易重心

目前，中国的加工贸易企业主要从事加工和装配。我国教育和科研水平大力提升，传统的劳动密集型产业逐渐失去原有优势，各企业研发新技术、创新新产品的能力不断提升，科学技术能够更多地取代传统劳动力而使得企业的生产效率大幅度提升。我国的要素禀赋和比较优势逐渐在改变，应充分利用其改变的契机，提升我国产业在全球价值链的位置。因此，加工贸易的重点需要从劳动密集型产业扩展到资本和技术密集型产业，以便中国能够继续保持其作为制造大国的地位。同时，它也将促进中国从"中国制造"到"中国创造"的逐步转型。

政府应大力支持加工贸易的发展，既需要以企业为中心，制定合理的优惠政策减免企业税收负担以增加企业利润，也需要加大科技投入，并且政府应注重从资金投入和政策保护方面建立健全管理制度，以确保企业拥有良好的政策环境大力研发新技术、创新新产品。

（2）提高加工贸易附加值

首先，要从港区功能配适上出发，要发挥港区内加工贸易产业集中且配套、信息反馈迅速、设施共享便利化的特殊优势，使得资金流通、研发创新、产品生产、物流配送等环节衔接紧密高效，并结合我国自身特点，将出口加工区建成加工贸易创新区，具有较高的生产效率和国际竞争力。其次，延长加工贸易境内增值部分就是延长国内产业链，这需要提高产业各部分的关联程度，使其衔接更紧密，资源配置更高效。国内产业链越长，产业各部门越高效，产品的附加值就会越高，并且越少地流向国外，因此，我们将继续提高加工贸易的增值率。最后，通过扩大加工贸易企业的附加值来扩大加工贸易的增值部分。企业既需要提升产品档次，升级出口商品结构，也要创造不同市场，努力向高新基础产业和服务领域的加工贸易拓展。要加强完善区内配套基础设施建设，着重加强对企业核心技术研究的鼓励与支持，更新完善先进的管理和经营制度，强化 R & D 创新理念，增加 R & D 支出和创新投入，提高"大进大出、两头在外"的典型模式。同时，企业应使用更多境内机器设备、原料物件等，大力发展企业服务外包，定期对相关政策进行评估，以便适时适度调整其监督和执行力度，使加工贸易在经济长期增长中起作用。

（3）大力发展绿色加工贸易

经济的可持续发展基于绿色发展前提，从事加工贸易，自由贸易港应防止和制止因贸易活动对人民生活环境和人民健康的威胁。大力倡导绿色加工贸易。中国应该调整高能耗、高污染的加工贸易结构，逐步建立起以"低耗能、低污染、高效率"为主的环境促进加工贸易发展。此外，政府应该制定一系列有关措施、政策和法律法规，减少以"高能耗和高污染"为特征的加工贸易产能，限制进口质量不达标的产品等。一些高能耗和高污染的商品应纳入加工贸易禁止进口类别目录，并通过一系列产业结构调整逐步完善中国的环境标准管理体系，使其切实应用到加工贸易监管中。在企业层面，其创新部门应不断探索研发新技术来代替高污染、高耗能的生产技术，增加技术投入开发新能源和替代能源，优化加工贸易资源的分配。

（4）致力完善物流环节

随着全球国际分工的不断深化，竞争力的提升不仅仅依存于优化生产方面的升级，货物流通领域的竞争也变得越来越重要，既要专注于产品和技术的创新与研发，同时又要做好高端的营销管理和畅通的物流服务。因此，自贸港应全面开发和发展与加工贸易相关的国际物流配送中心，既要与第三方物流企业积极配合，使物流方在本企业国际物流战略的实施中不失为可靠的合作伙伴，又要大力发展本企业自主物流，形成加工贸易企业自身物流品牌和管理模式，这样既能提升我国加工贸易的国际竞争力，又能使得其增值率得到大幅度提高。完善物流配送环节，相关部门则需要积极主动、认真仔细地配合，核对好货物数量，严格控制物流时间、物流稳定性以及仓库容量，避免滞留和错发等现象的发生，提高物流区域的

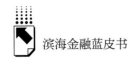
流通率和物流运作效率，进而形成我国独特的有影响力的加工贸易品牌效应。借鉴国外先进经验，完善并大力发展我国加工贸易国际物流业，逐步提高自贸港仓储、货运等能力。

（三）国际技术贸易在自由贸易港服务业中的应用

近年来，随着中国对外贸易构成的不断优化，国际技术贸易的发展方向也转变为与制造业加工贸易相结合以及结合服务行业服务贸易的发展方向。基于消费和生产的同时性，近年来服务贸易与普通商品贸易不同，技术方面的因素在服务型行业中的产品供应方中占据越来越高的比重，以国际技术为主的贸易成为中国对外贸易中不可或缺的一部分，重要性也在逐渐提高。科技部发布的国家技术市场交易快报显示，据国家技术市场统计，2017 年第一季度共签订技术合同 50396 份，营业额 1680.6 亿元，比上年同期增长 7.0%。根据知识产权类型统计，全年共签订知识产权技术合同 22960 份，营业额 674 亿元，与上年同期相比，下降了 24.7%，占全国总营业额的 40.1%。据海关统计，截至 2017 年 11 月，中国高新技术产品贸易额超过 9877.5 亿美元，同比增幅超过 10%。我国 1997~2017 年使用外国知识产权支付的费用，总体呈上升趋势，虽然在 2015 年有所下降，在 2008 年，支付金额超过了 1000 亿美元。2017 年的支付金额高达 286.61 亿美元，为 1997 年的 5 倍之多。随后几年，高新国际技术贸易额所占比重虽有所下降，但其贸易金额不断增加，在 2003 年首次突破千亿美元，而在 2013 年达到了 5600 亿美元，是过去 20 年来的最高贸易额。

我国技术贸易不断发展至今，研发与创新的相关投入主要集中于制造业，相关的硬件设备创新和技术引进是国际技术贸易的重点，人们普遍认为服务业是劳动密集型产业，很少有研发创新活动集中于提升服务业中的技术水平和创新能力。在国际技术贸易应用于服务业的同时，应注意研发和创新适用于本国特色服务业的技术。事实上，信息技术革命使服务业日益发展成为以信息网络等高科技为特征，以人力资本和技术为特征的知识产业。与传统制造业相比，信息软件和技术管理方法的创新意识正逐渐深入企业家内心，由此带来的创新规模与力度正逐渐超过传统的制造业。结合港区内部功能与区域规划，增加服务业国际技术贸易的创新和应用可以扩展公司自身的价值链。将服务业产品和服务的附加值提高到国内市场，为企业带来更多利润。同时，应注意到我国引进国外先进技术的一个重要渠道就是吸引外资，在 WTO 相关规则的约束下，我国应更好地利用外资来提高国际技术贸易水平，要注重与精密仪器、机电和相关高新技术领域企业的国际合作，充分考虑我国现阶段经济发展状况，引进满足我国企业吸收能力的相关技术，使其适应和促进服务业健康发展。在众多技术创新中，应打造使我国传统技术与现代科技相结合的创新技术，创造具有中国特色的技术产品，深度挖掘中国传统技术。在此之上，打造既满足我国人民需求又吸引外商和消费者的全新技术并扩展应用程序，使其成为最具国际竞争力的先进技术之一。

在我国自由贸易区探索建设自由贸易港的政策引导下，应结合港区功能，将国际技术贸易拓展应用在港区内的服务业，使之逐渐成为国际技术贸易的另一重心。将以国际技术为主的贸易运用到各个行业，例如金融行业、基于信息技术的传输行业、以公共为主的交通行业、邮政以及仓储行业等等都可以达到优化产业结构，大幅度提高行业生产效率的目标。

目前，我国低成本劳动力逐渐失去竞争力，制造业已发展到急需升级优化的重要阶段，服务贸易的发展将成为推动中国贸易模式转型和国际技术贸易作为服务业重要发展和重要组成部分的重要推动力，重视研发人员的引进与培养，确保知识产权保护度立法和执法力度，积极稳妥地扩大国际技术贸易市场的开放和准入等应成为

各企业和国家重点关注的方面。在自由贸易港内，功能设定与区域规划应更多地顺应我国企业参与世界服务业大重组的趋势，通过灵活应用服务行业的国际技术贸易，优化和重组自己的产业链、价值链，使之成为国际技术贸易跨越式升级的一条新途径。

我国蓬勃发展的改革开放史，成就了国家战略的大布局。从经济特区建设到沿海、沿江、沿边城市的全方位、多层次、宽领域开放格局，从"丝绸之路经济带"和"21世纪海上丝绸之路"的"一带一路"建设到11个国内自由贸易试验区建设，从雄安新区建设到粤港澳大湾区建设。如今，中国自由贸易港的探索实践，正是以其地域之阔、气派之大，使之不仅仅是中国的自由贸易港，更成为世界经济浪潮中迸发的经济活力，释放经济发展新动力的世界自由贸易港。

附 录

Appendix

B.8

附录一：滨海新区支持企业上市专项
资金管理暂行办法

各功能区、街镇，各有关单位：

根据《天津市人民政府办公厅转发市金融局等八部门关于支持我市企业上市融资加快发展有关政策的通知》（津政办发〔2017〕77号）、《天津市财政局天津市金融工作局关于印发天津市支持企业上市专项资金管理暂行办法的通知》（津财规〔2017〕10号）以及《天津市滨海新区人民政府办公室关于印发支持滨海新区企业上市融资加快发展有关政策的通知》（津滨政办发〔2017〕159号），为进一步促进区内资本市场健康发展，规范滨海新区支持企业上市专项资金管理，区金融服务局、区科委对原新区支持企业上市专项资金管理暂行办法进行了修订和完善，重新拟定了《滨海新区支持企业上市专项资金管理暂行办法》，现予以印发，请遵照执行。

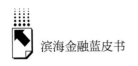
第一章　总则

第一条　为规范新区支持企业上市专项资金管理，防范财政资金使用风险，提高资金使用效益，根据《天津市人民政府办公厅转发市金融局等八部门关于支持我市企业上市融资加快发展有关政策的通知》（津政办发〔2017〕77号）、《天津市财政局天津市金融工作局关于印发天津市支持企业上市专项资金管理暂行办法的通知》（津财规〔2017〕10号）以及《天津市滨海新区人民政府办公室关于印发支持滨海新区企业上市融资加快发展有关政策的通知》（津滨政办发〔2017〕159号）以及国家和我市有关法律规定，制定本办法。

第二条　本办法所称滨海新区支持企业上市专项资金（以下简称"专项资金"），是指由区财政预算安排，专项用于支持新区范围内企业上市、重组、报会、挂牌、股份制改造的资金。

第二章　支持范围和补助标准

第三条　专项资金支持对象为注册地在滨海新区且股改挂牌上市前一年内未发生过重大安全与质量事故、严重环境污染等重大违法失信行为的各类企业：

（一）对依法设立并以上市挂牌为目的完成股份制改造（以下简称"改制"）的企业，给予不超过60万元补助。

1. 科技型企业完成改制，给予不超过60万元补助。原则上支持条件为：①企业完成改制时存续一个完整会计年度以上；②实缴注册资本不低于500万元；③完成改制前一个会计年度主营业务收入不低于100万元。

同时，为鼓励科技型企业发展壮大，对于满足①条件但只满足

②、③条件之一，且最近一个完整会计年度营业收入不低于 30 万元的，给予不超过 10 万元补助。

2. 非科技型企业完成改制，给予不超过 40 万元补助。支持条件为：①企业完成改制时存续两个完整会计年度以上；②实缴注册资本不低于 500 万元；③完成改制前一个会计年度主营业务收入不低于 100 万元。

3. 改制聘请证券公司担任财务顾问的企业，改制完成后一次性给予改制补助；改制聘请其他中介机构担任财务顾问的企业，分段给予改制补助，其中改制完成后给予 50% 补助，完成挂牌上市后给予剩余 50% 补助。

（二）对在天津股权交易所 A 板主板、A 板成长板或在天津滨海柜台交易市场成长板完成挂牌的股份有限公司，一次性补助 20 万元。支持条件为：①企业挂牌时存续两个完整会计年度以上；②实缴注册资本不低于 500 万元；③完成挂牌前两个会计年度主营业务收入累计不低于 1000 万元且净利润累计不低于 100 万元；④最近一期末不存在未弥补亏损（原则上企业最近一期财务数据月份与同意挂牌通知月份间隔不能超过 3 个月）。

（三）对在全国中小企业股份转让系统完成挂牌的企业，一次性补助 100 万元。

（四）对拟在沪、深证券交易所和境外证券交易所首次公开发行股票并上市，经中国证监会和境外证券交易所管理机构正式受理申请材料的企业，一次性补助 200 万元。

（五）对在沪、深证券交易所和境外证券交易所完成首次公开发行股票并上市的企业，一次性补助 300 万元。

（六）对重组新区内上市公司的本地重组企业，或重组外地上市公司并将上市公司迁入新区的本地重组企业，完成重组后一次性补助 500 万元。本地重组企业指通过借壳上市方式实现上市目标的本地

企业。

（七）已在天津股权交易所、天津滨海柜台交易市场完成挂牌、享受补助的企业，在上述两个市场转板挂牌的，不再予以支持；再在全国中小企业股份转让系统挂牌的，再次给予补助时扣除已享受的挂牌补助。

（八）已在全国中小企业股份转让系统、天津股权交易所、天津滨海柜台交易市场完成挂牌，享受补助的企业，如在沪、深证券交易所完成首次公开发行股票并上市，在给予上市补助时扣除已享受的各项挂牌补助。

第四条　财政补助资金用于支持企业后续发展，原则上应安排部分专款用于奖励对企业上市做出特殊贡献的高级管理人员和有功人员。其中，对国有企业负责人的奖励应符合国家及本市国有企业负责人薪酬制度改革相关规定。

第五条　上述补助资金由区本级与相应功能区、街镇各分担50％，由区财政先行垫付，在办理与功能区、街镇年终结算时专项上解。

第三章　前置备案

第六条　企业与相关中介机构签订改制服务协议15个工作日内，须通过天津市滨海新区金融服务网（www.bhxqjr.com）向区金融服务局备案，纳入滨海新区拟上市企业后备资源库后，方有资质申请补助资金。另外，企业还需要登录天津市企业上市服务网（http：//111.30.30.175：9090）填报上市意愿，纳入全市上市企业后备资源库。已完成备案的企业还应按照上市或挂牌实际进度及时更新备案信息。

第七条　企业须按规定向相关部门报备，方有资格申请股份制改造补助资金。

注册地在新区功能区范围内的科技型企业，在与相关中介机构签订改制服务协议后 15 个工作日内，须通过功能区科技部门向区科委报备；注册地在新区各街镇范围内的科技型企业，须通过街镇向区科委报备。

注册地在新区功能区范围内的非科技型企业，在与相关中介机构签订改制服务协议后 15 个工作日内，须通过功能区财政金融部门向区金融服务局报备；注册地在新区各街镇范围内的非科技型企业，须通过街镇向区金融服务局报备。

第八条 企业须按规定向相关部门报备，方有资格申请 OTC 挂牌及天交所挂牌补助资金。

注册地在新区功能区范围内的企业（含科技型企业），在与相关中介机构签订 OTC 挂牌或天交所挂牌服务协议后 15 个工作日内，须通过功能区财政金融部门向区金融服务局报备；注册地在新区各街镇范围内的企业（含科技型企业），须通过街镇向区金融服务局报备。

第四章 资金申请和拨付

第九条 企业完成股改后，须按期、及时向相关部门提交补助资金申请及材料。

注册地在新区各功能区范围内的科技型企业，须通过功能区科技部门向区科委报送材料。注册地在新区各街镇范围内的科技型企业，须通过街镇向区科委报送材料。

注册地在新区各功能区的各类非科技型企业，须通过功能区财政金融部门向区金融服务局报送材料。注册地在新区各街镇范围内的非科技型企业，须通过街镇向区金融服务局报送材料。

第十条 企业完成挂牌、报会、上市、重组等工作后，须按期、

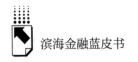

及时向相关部门提交补助资金申请及材料。

注册地在新区各功能区范围内的各类企业（含科技型企业），须通过功能区财政金融部门向区金融服务局报送材料。注册地在新区各街镇范围内的各类企业（含科技型企业），须通过街镇向区金融服务局报送材料。

第十一条 各功能区、街镇负责对申报企业资金申请进行初审，并按期、及时将初审结果报送区金融服务局（企业挂牌、报会、上市、重组及非科技型企业股改）或区科委（科技型企业股改），由区金融服务局或区科委进行复审。

第十二条 区科委按期、及时将科技型企业股份制改造补助资金认定结果及专项资金使用计划函告区金融服务局。

第十三条 区金融服务局根据复审结果及区科委认定结果，对外进行公示。通过公示的，由区金融服务局按期、及时通过国库将资金直接拨付相关企业。

第五章 监督管理和绩效评价

第十四条 专项资金实施全过程绩效管理。区金融服务局按照本市绩效评价管理办法规定，对专项资金安排使用情况实行绩效自评。区金融服务局和区科委可通过政府购买服务等方式确定绩效评价实施单位，对专项资金的分配使用、实施效果等进行评价，所需经费可在专项资金中列支。

绩效评价过程中，如涉及到需要接受财政补助的企业提供相关材料的，企业应配合提供。无正当理由拒不提供的，区金融服务局可以向社会公开其不良信用信息，两年内停止其财政资金申报资格。

区金融服务局对专项资金的申报、分配、拨付、使用、绩效评价、监督检查等环节实施跟踪和监督。

第十五条 专项资金申报单位对提出的申报材料负责。对于专项资金申报单位提供虚假申报材料、恶意串通等骗取专项资金违法行为，依照《财政违法行为处罚处分条例》等国家有关规定进行处理。对于编制虚假材料骗取专项资金的，依法追回财政专项资金，两年内停止其财政资金申报资格，并向社会公开其不良信用信息。涉嫌刑事犯罪的，依法移交公安机关处理。

有关财政金融等部门及工作人员存在违规分配或使用资金，以及其他滥用职权、玩忽职守、徇私舞弊等违法违纪行为的，按照《预算法》《公务员法》《行政监察法》《财政违法行为处罚处分条例》等有关国家规定追究相应责任；涉嫌犯罪的，移送司法机关处理。

第六章　信息公开

第十六条　区金融服务局会同区科委在滨海新区金融服务网（www. bhxqjr. com）公开以下信息。

（一）公开新区企业股改上市挂牌相关政策文件。

（二）每批改制、挂牌、报会、上市、重组企业认定后 20 个工作日内，公开认定结果及补助金额。

（三）专项资金绩效评价和监督检查后 20 个工作日内，公开评价、检查结果。

（四）专项资金有关投诉事项处理后 20 个工作日内，公开处理投诉情况。

第七章　附则

第十七条　本办法由区金融服务局商区科委按职责分工负责解释。

第十八条　本办法自 2017 年 5 月 22 日起施行，2020 年 6 月 14 日废止。

B.9

附录二：天津市支持企业上市专项资金管理暂行办法

各区财政局、金融办（局），各有关单位：

为进一步促进我市资本市场健康发展，规范天津市支持企业上市专项资金管理，根据《天津市人民政府办公厅转发市金融局等八部门关于支持我市企业上市融资加快发展有关政策的通知》（津政办发〔2017〕77号）、《天津市人民政府办公厅关于转发市财政局拟定的天津市市级财政专项资金管理暂行办法的通知》（津政办发〔2015〕63号），以及国家和我市有关法律法规，我们对原天津市支持企业上市专项资金管理暂行办法进行了修订和完善，重新拟定了《天津市支持企业上市专项资金管理暂行办法》，现予以印发，请遵照执行。

第一章 总则

第一条 为规范我市支持企业上市专项资金管理，防范财政资金使用风险，提高资金使用效益，根据《天津市人民政府办公厅转发市金融局等八部门关于支持我市企业上市融资加快发展有关政策的通知》（津政办发〔2017〕77号）、《天津市人民政府办公厅关于转发市财政局拟定的天津市市级财政专项资金管理暂行办法的通知》（津政办发〔2015〕63号），以及国家和我市有关法律法规，制定本办法。

第二条 本办法所称天津市支持企业上市专项资金（以下简称

"专项资金"），是指由市财政预算安排，专项用于支持我市企业上市、挂牌、股份制改造的资金。

第三条　专项资金由市财政局、市金融局按照职责分工实施管理和监督：

（一）市财政局负责专项资金设立调整和撤销的初步审核、会同市金融局制定资金管理办法、组织预算编制、办理资金拨付、实施监督检查和重点绩效评价，以及到期或撤销专项资金的清算等。

（二）市金融局负责专项资金设立调整的前期论证、与市财政局共同制定资金管理办法，提出预算安排建议、编制资金安排使用计划，负责审核认定企业提出的专项资金申请，负责监督专项资金的使用，以及跟踪检查、绩效自评和信息公开等。

第二章　支持范围和补助标准

第四条　专项资金支持对象为注册地在滨海新区以外的本市企业，具体范围和条件如下：

（一）对依法设立并以上市挂牌为目的完成股份制改造（以下简称"改制"）的企业，一次性补助 20 万元。支持条件为：企业完成改制时存续两个完整会计年度以上，实缴注册资本不低于 500 万元，完成股改前一个会计年度主营业务收入不低于 100 万元。

（二）对在天津股权交易所 A 板主板、A 板成长板或在天津滨海柜台交易市场成长板完成挂牌的股份有限公司，一次性补助 10 万元。支持条件为：企业挂牌时存续两个完整会计年度以上，实缴注册资本不低于 500 万元，完成挂牌前两个会计年度主营业务收入累计不低于 1000 万元且净利润累计不低于 100 万元；最近一期末不存在未弥补亏损。

（三）对在全国中小企业股份转让系统完成挂牌的企业，一次性

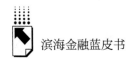
补助 100 万元。

（四）对拟在沪、深证券交易所和境外证券交易所首次公开发行股票并上市，经中国证监会和境外证券交易所管理机构正式受理申请材料的企业，一次性补助 200 万元。

（五）对在沪、深证券交易所和境外证券交易所完成首次公开发行股票并上市的企业，一次性补助 300 万元。

（六）对重组我市上市公司的本地重组企业，或重组外地上市公司并将上市公司迁入我市的本地重组企业，完成重组后一次性补助 500 万元。本地重组企业指通过借壳上市方式实现上市目标的本地企业。

（七）已在天津股权交易所、天津滨海柜台交易市场完成挂牌、享受补助的企业，在上述两个市场转板挂牌的，不再予以支持；在全国中小企业股份转让系统挂牌的，再次给予补助时扣除已享受的挂牌补助。

（八）已在全国中小企业股份转让系统、天津股权交易所、天津滨海柜台交易市场完成挂牌，享受补助的企业，如在沪、深证券交易所和境外证券交易所完成首次公开发行股票并上市，在给予上市补助时扣除已享受的各项挂牌补助。

第三章　资金申请和拨付

第五条　企业与相关中介机构签订改制服务协议后 15 个工作日内，须通过注册地所在区金融办（局）向市金融局报备，作为企业申请财政补助资金的必要条件。企业完成改制、挂牌、报会、上市、重组等工作后 30 个工作日内向区金融办（局）提交补助资金申请及相关材料。

第六条　区金融办（局）负责对企业资金申请进行初审，并于每季度前 15 个工作日内，将初审结果报送市金融局。市金融局负责对企业资金申请进行复审，并于每季度第二个月底前将认定结果及专项资金使用计划函告市财政局。市财政局根据市金融局认定结果，于每季度末前通过国库集中支付方式将资金直接拨付相关企业。市金融局将根据企业专项资金补助申请情况，及时安排复审，提高审核效率，加快审核进度。

第四章 监督管理和绩效评价

第七条 专项资金实施全过程绩效管理。市金融局按照本市绩效评价管理办法规定，对专项资金安排使用情况实行绩效自评。市金融局和市财政局可通过政府购买服务等方式确定绩效评价实施单位，对专项资金的分配使用、实施效果等进行评价，所需经费可在专项资金中列支。市财政局对专项资金的申报、分配、拨付、使用、绩效评价、监督检查等环节实施跟踪和监管。

第八条 专项资金申报单位对提出的申报材料负责。对于专项资金申报单位提供虚假申报材料、恶意串通等骗取专项资金违法行为，依照《财政违法行为处罚处分条例》等国家有关规定进行处理。有关财政、金融等部门及其工作人员存在违规分配或使用资金，以及其他滥用职权、玩忽职守、徇私舞弊等违法违纪行为的，按照《预算法》《公务员法》《行政监察法》《财政违法行为处罚处分条例》等有关国家规定追究相应责任；涉嫌犯罪的，移送司法机关处理。

第五章 信息公开

第九条 市金融局会同市财政局在市金融局门户网站（http：//www.tjjr.gov.cn）公开以下信息：

（一）公开专项资金管理办法等相关政策文件。

（二）每批改制、挂牌、报会、上市、重组企业认定后 20 个工作日内，公开认定结果及补助金额。

（三）专项资金绩效评价和监督检查后 20 个工作日内，公开评价、检查结果。

（四）专项资金有关投诉事项处理后 20 个工作日内，公开处理投诉情况。

第六章　附则

第十条　本办法自 2017 年 5 月 22 日起施行，2020 年 6 月 14 日废止。市财政局、市金融局于 2015 年 11 月 16 日印发的《天津市支持企业上市专项资金管理办法》（津财建一〔2015〕26 号）同时废止。

B.10

附录三：天津市滨海新区关于贯彻落实《关于我市创新农村基础设施投融资体制机制的实施方案》的实施方案

为贯彻落实好《关于我市创新农村基础设施投融资体制机制的实施方案》，进一步加快新区农村道路、供水、污水垃圾处理、供电、电信等基础设施建设，创新农村基础设施投融资体制机制，结合新区实际，现提出如下实施方案。

一 总体要求

（一）指导思想

全面贯彻党的十八大和十八届三中、四中、五中、六中全会精神和历年中央一号文件精神，深入贯彻习近平总书记系列重要讲话精神和治国理政新理念新思想新战略，坚持以习近平总书记对天津工作提出的"三个着力"重要要求为元为纲，紧紧抓住历史性窗口期，扎实推进"五位一体"总体布局、"四个全面"战略布局的滨海实施，牢固树立和贯彻落实新发展理念，深入推进农业供给侧结构性改革，以加快补齐农村基础设施短板、推进城乡发展一体化为目标，以创新投融资体制机制为突破口，明确各部门事权和投入责任，拓宽投融资

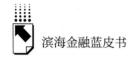

渠道，优化投融资模式，加大建设投入，完善管护机制，全面提高农村基础设施建设和管理水平，为全面建成高质量小康社会、建设社会主义现代化大都市和美丽滨海提供重要保障。

（二）基本原则

坚持政府和社会相补充。明确农村基础设施的公共产品定位，强化政府投入和主导责任。加强城乡基础设施统筹规划，加大政策支持力度，破除体制机制障碍，引导和鼓励社会资本投向农村基础设施领域。坚持权利和义务相一致。在保障农民知情权、参与权和监督权的基础上，推动决策民主化。充分发挥农民作为农村基础设施直接受益主体的作用，引导农民和农村集体经济组织积极参与项目建设和管理。坚持公平与效率相统一。发挥区级政府、各街镇和投资主体的积极性，探索适合不同类型基础设施特点的投融资机制。兼顾公平与效率，实施差别化投融资政策，加大对财力困难街镇的支持力度。坚持建设和管护相衔接。坚持先建机制、后建工程，合理确定农村基础设施投融资模式和运行方式，与农村集体产权制度改革等有机结合，推进投融资体制机制创新和建设管护机制创新，提高建设和管护市场化、专业化程度，实现可持续发展。

（三）主要目标

到 2020 年，新区主体多元、权责明确、充满活力的农村基础设施投融资体制基本形成，市场运作、专业高效的建管机制逐步建立，农村基础设施建设管理水平明显提高，农村基础设施条件明显改善，美丽宜居乡村建设取得明显进展，广大农民共享改革发展成果的获得感进一步增强。

二 重点任务

（一）构建多元长效的农村基础设施投融资格局

1. 健全"三级三类"投入体制

按照"中央支持、市级统筹、区级负责"的原则，构建事权清晰、权责一致的农村基础设施三级投入体系。对农村道路等没有收益的基础设施，建设投入以政府为主，鼓励社会资本和农民参与；对农村供水等有一定收益的基础设施，建设投入以政府和社会资本为主，积极引导农民投入；对区政府参与的污水垃圾处理建设项目，全面实施政府和社会资本合作（PPP）模式；对农村供电、电信等以经营性为主的基础设施，建设投入以企业为主，政府对财力困难区域给予适当补助。（区发展改革委、区工业和信息化委、区财政局、区建设交通局、区农委等部门按职责分工负责）

2. 改革财政投入机制

坚持把农业农村投入作为财政支出的优先保障领域，探索实施"大专项＋任务清单"管理模式，着力构建预算编制环节的涉农资金统筹整合机制。（区发展改革委、区财政局等部门按职责分工负责）

3. 发挥政府投资撬动引导作用

采取直接投资、投资补助、资本金注入、财政贴息、以奖代补、先建后补、无偿提供建筑材料等多种方式支持农村基础设施建设。探索通过财政拨款、特许或委托经营等渠道筹措资金，设立不向社会征收的政府性农村基础设施维修养护基金。研究设立农业投资基金，通过基金杠杆作用，引导和带动社会资本投资农村基础设施建设。推动融资平台转型改制和市场化融资，重点向农村基础设施建设倾斜。积极向市财政局申请债券额度，一般债券支持农村道路建设，专项债券

支持农村供水设施建设。探索发行区级农村基础设施建设项目集合债。支持符合条件的企业发行企业债券,用于农村供电、电信设施建设。鼓励有条件的街镇将农村基础设施与产业文化旅游、生产生活生态同步开发和建设,实现一二三产业深度融合、互促互利。(区发展改革委、区财政局、区农委等部门按职责分工负责)

4. 创新政府和社会资本合作机制

推进政府和社会资本合作,吸引各类社会资本更多投向农村基础设施建设领域。大力推进政府购买服务,鼓励按照"公益性项目、市场化运作"理念,创新农村基础设施建设和运营模式。将农村基础设施项目整体打包,提高收益能力,并建立运营补偿机制,保障社会资本获得合理投资回报。对农村基础设施项目用电、用地等方面优先保障。(区发展改革委、区工业和信息化委、区财政局、区规划国土局、区建设交通局、区农委等部门按职责分工负责)

5. 完善农民积极参与机制

完善村民一事一议制度,依托村民会议、村民代表会议等载体,广泛开展形式多样的农村社区民主决策、民主监督和民主协商,尊重农民意愿和承受能力,合理确定筹资筹劳限额,加大财政奖补力度。鼓励农村和农民集体经济组织自主筹资筹劳开展村内基础设施建设。对市、区两级财政支持的小型基础设施建设项目,探索优先安排农村集体经济组织、农民合作组织等作为建设管护主体,强化农民参与。依法加强村民委员会和村务监督机构建设,建立健全村务监督委员会工作机制,切实发挥村务决策监督、村务公开监督、村级集体"三资"管理监督、村工程建设项目监督、惠农政策措施落实情况等五方面的监督作用。(区民政局、区建设交通局、区农委等部门按职责分工负责)

6. 加大金融支持力度

构建以政府支持为主的多元化担保机构体系。积极发展政府支持的融资性担保机构，建立资本金持续补充机制，充分体现融资性担保机构的政策性功能，提高各类农村基础设施投资建设主体的融资能力，发挥服务"三农"融资的主力军作用。支持鼓励具备条件的政策性担保机构拓展再担保功能，为各担保机构提供增信服务和风险分担，扩大保险覆盖面，充分发挥再担保"稳定器"作用，进一步增强融资性担保机构的承保代偿能力。鼓励融资担保机构创新业务模式，提升担保效能。鼓励多种形式的融资担保机构针对农村基础设施建设中收益较好、能够市场化运作的项目，加大产品研发力度，探索采用灵活多样的反担保方式，创新担保产品及业务模式，提升担保服务质量和水平。鼓励融资性担保机构之间通过分保、联保等方式分散风险。支持金融机构为涉农企业提供全方位、多品种融资服务。针对村镇银行进行定向费用补贴；鼓励金融机构开设农村金融服务站。鼓励各农村基础设施建设的直属部门，提前谋划，充分调研论证，在系统性建设规划的基础上，充分利用国际组织和外国政府贷款，拓展农村基础设施建设资金来源渠道。（区发展改革委、区财政局、区农委等部门按职责分工负责）

7. 鼓励国有企业加大投入

切实发挥输配电企业、基础电信运营企业的主体作用，加大对农村电网改造升级、电信设施建设的投入力度。积极鼓励区直属 9 个国有企业集团参与农村基础设施建设相关业务，做好服务工作，积极配合承担相应帮扶援建职责。（区发展改革委、区工业和信息化委、区国资委、区财政局、区农委等部门按职责分工负责）

8. 引导社会各界积极援建

按照国家相关政策，对企业和个人公益性捐赠所得税税前扣除政策。（区财政局、区地方税务局等部门按职责分工负责）

（二）创新体制机制加快农村基础设施建设

1. 加强农村公路建设养护

加大农村公路建设养护投资力度，将农村公路建设、养护、管理机构运行经费及人员基本支出纳入一般公共财政预算。农村公路日常养护（含中修）、大修及改造工程（含桥梁及交通安全附属设施）资金除市级财政补贴资金外按实际投资由区级财政足额配齐。全面推进农村公路的建设发展，确保"四好农村路"建设取得显著成效。（区发展改革委、区财政局、区建设交通局等部门按职责分工负责）

2. 明晰农村供水设施产权归属

以政府投入为主兴建、规模较大的农村集中供水基础设施，由区政府或其授权部门根据国家有关规定确定产权归属；以政府投入为主兴建、规模较小的农村供水基础设施，资产交由农村集体经济组织或农民用水合作组织所有；单户或联户农村供水基础设施，国家和市级补助资金所形成的资产归受益农户所有；社会资本投资兴建的农村供水基础设施，所形成的资产归投资者所有，或根据投资者意愿确定产权归属。由产权所有者建立管护制度，落实管护责任。鼓励开展农村供水设施产权交易，通过拍卖、租赁、承包、股份合作、委托经营等方式将一定期限内的管护权、收益权划归社会投资者。（区发展改革委、区财政局、区建设交通局等部门按职责分工负责）

3. 加快农村污水垃圾处理设施建设

积极推进农村生活污水处理设施建设，提高设施运行维护管理水平，完善农村生活污水"统一规划、统一建设、统一运行、统一管理"集中处理的模式。巩固清洁村庄建设成果，进一步健全完善"村收集—街镇监管—区统一收运处理"的垃圾收运体系，推动保洁网格化管理。继续整治村容村貌，努力改善农村人居环境。（区建设交通局、区环境局、区农委等部门按职责分工负责）

4. 加快农村电力设施建设

加快建立规范的现代电力企业制度，探索开展区级电网企业股份制改革试点。逐步向符合条件的市场主体放开增量配电网投资业务，赋予投资主体新增配电网的所有权和经营权。鼓励以混合所有制方式发展配电业务，通过公私合营模式引入社会资本参与农村电网改造升级及运营。支持社会资本投资建设清洁能源项目和分布式电源并网工程。（区发展改革委、区工业和信息化委等部门按职责分工负责）

5. 协助农村电信设施建设

按照市级部门的工作要求协助区有关部门支持民间资本以资本入股、业务代理、网络代维等多种形式与基础电信企业开展合作，参与农村电信基础设施建设。协助推进有条件的街镇农村宽带接入市场向民间资本开放试点工作，逐步深化试点，鼓励和引导民间资本开展农村宽带接入网络建设和业务运营。（区工业和信息化委牵头负责）

6. 探索建立全过程、多层次的农村基础设施建设项目综合评价体系

对具备条件的项目，通过公开招标、邀请招标、定向委托、竞争性谈判等多种方式选择专业化的第三方机构，参与项目前期论证、招投标、建设监理、效益评价等，建立绩效考核、监督激励和定期评价机制。（区发展改革委、区财政局等部门按职责分工负责）

（三）健全农村基础设施定价机制

1. 完善农村供水价格形成机制

建立使用者付费制度、促进农村节约用水。对已纳入城镇自来水供应范围的农户，实行居民阶梯水价政策。对实行农村集中式供水的农户，按照补偿成本、合理盈利的原则确定水价，实行有偿服务、计量收费。区政府和具备条件的农村集体经济组织应根据实际情况对运营单位进行合理补偿。通过加强水费征收和运行维护费用补偿等措施，保障工程正常运行及日常养护。（区发展改革委、区财政局、区

建设交通局等部门按职责分工负责）

2. 探索建立污水垃圾处理农户缴费制度

探索污水垃圾处理农户缴费制度，综合考虑污染防治形势、经济社会承受能力、农村居民意愿等因素，合理确定缴费水平和标准，保障运营单位获得合理收益。完善农村污水垃圾处理费用调整机制，建立上下游价格调整联动机制，价格调整不到位时，区政府、各街镇和具备条件的村集体可根据实际情况对运营单位给予合理补偿。（区发展改革委、区财政局、区环境局、区农委等部门按职责分工负责）

3. 完善输配电价机制

按照"管住中间、放开两头"的原则，积极推进输配电价改革，严格成本审核和监管。落实和完善分类定价、阶梯电价政策。配合国家相关部委及市有关部门研究建立电力普遍服务补偿机制，支持农村地区发展。（区发展改革委牵头负责）

4. 协助推进农村地区宽带网络提速降费

配合市有关部门加快农村宽带网络建设，引导基础电信企业公平竞争，提高农村宽带上网等业务的性价比。（区工业和信息化委牵头负责）

三　保障措施

（一）加强规划保障

加快推进街镇总体规划编制工作，按照相关规范要求在规划中统筹安排街镇道路、供水、污水垃圾处理、供电、电信等基础设施建设布局，做好规划保障工作。（区规划国土局、区建设交通局、区农委等部门按职责分工负责）

（二）落实主体责任

把农村基础设施建设管护摆上重要议事日程，统筹基础设施建

设，积极创新投融资体制机制。结合街镇实际，制定落实意见，确保各项措施落到实处。（各街镇牵头负责）

（三）明确部门职责

各有关部门要统一思想认识，把落实创新农村基础设施投融资体制机制作为重要任务，要根据本方案，落实工作责任，完善工作机制，并结合国家部委、市各部门制定的相关配套政策细化落实措施，形成齐抓共管、共同推进的工作格局。区发展改革委要会同有关部门对本方案落实情况进行跟踪分析和定期评估，并向区人民政府报告。（区发展改革委牵头负责）

B.11

参考文献

〔美〕富兰克林·艾伦、格伦·雅戈：《金融创新力》，牛红军译，中国人民大学出版社，2015。

〔美〕卡萝塔·佩蕾丝：《技术革命与金融资本：泡沫与黄金时代的动力学》，田方萌等译，中国人民大学出版社，2007。

陈文成：《自由贸易账户论——中国自由贸易试验区金融改革的理论与实践》，格致出版社，2015。

崔凡、李森、吴嵩博：《论中国自由贸易港的战略意义与功能定位》，《国际贸易》2018年第4期。

方婷婷：《我国加工贸易转型升级存在问题及发展对策研究》，《中国市场》2016年第3期。

封荔：《中国对外技术贸易的现状、问题与竞争力提升策略》，《对外经贸实务》2018年第3期。

纪蕾、李宝强：《我国加工贸易的现状、问题及对策分析》，《时代金融》2016年第27期。

李颖：《我国技术贸易发展现状及对策研究》，《商业经济》2010年第23期。

李振福：《我国自由贸易港的建设路径》，《中国船检》2017年第12期。

刘助仁：《中国保税区及其发展构想》，《国际贸易问题》1995年第9期。

马岚岚、毛亢亢、张瑞雅、王冰冰：《浅析我国加工贸易发展现状与产业升级对策分析》，《现代商业》2017年第1期。

秦天宝：《自由贸易港建设和发展中的环境规制》，《海南大学学报》（人文社会科学版）2018年第3期。

三系进出口业务教研室专题编写小组：《世界各国（地区）自由贸易区和自由港》，《国际贸易问题》1977年第3期。

商务部国际贸易经济合作研究院课题组：《中国（上海）自由贸易试验区与中国香港、新加坡自由港政策比较及借鉴研究》，《科学发展》2014年第9期。

沈世顺：《世界自由港和自由贸易区》，《国际贸易问题》1984年第3期。

史欣媛：《自贸区金融创新立法的缺陷及其矫正》，《河南财经政法大学学报》2018年第3期。

佟家栋：《中国自由贸易试验区的改革深化与自由贸易港的建立》，《国际商务研究》2018年第1期。

王雅滋、都辰雨、马巧燕、林彩玲、黄宇歆、蒋缨：《福建省自贸区融资租赁业错位创新发展探讨》，《金融经济》2018年第8期。

王子先：《服务贸易新角色：经济增长、技术进步和产业升级的综合性引擎》，《国际贸易》2012年第6期。

吴涧生、李大伟、陈长缨：《推进我国加工贸易转型升级》，《中国发展观察》2014年第6期。

吴珍彩、张建：《漫议我国加工贸易面临的问题与对策》，《河南商业高等专科学校学报》2006年第3期。

阳建勋：《论自贸区金融创新与金融监管的互动及其法治保障——以福建自贸区为例》，《经济体制改革》2017年第1期。

杨义东、陈燕：《浅析我国加工贸易转型升级的对策》，《经贸实践》2017年第4期。

姚鹏：《我国加工贸易转型升级的问题及对策研究》，《农村经济

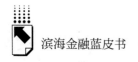
与科技》2018 年第 3 期。

张红美：《基于三种基本业务类型的自贸区供应链金融研究》，《经济研究导刊》2017 年第 32 期。

张秋平：《价值链视角下我国加工贸易发展水平统计方法探析》，《中国统计》2018 年第 2 期。

赵志英：《开放，经济特区与开发区、自由港——"世界自由港及自由贸易区"讨论会综述》，《亚太经济》1987 年第 2 期。

UNCTD，"World Investment Report 2018，" http：//unctad. org/en/PublicationsLibrary/wir2018_ en. pdf.

❖ 皮书起源 ❖

"皮书"起源于十七、十八世纪的英国，主要指官方或社会组织正式发表的重要文件或报告，多以"白皮书"命名。在中国，"皮书"这一概念被社会广泛接受，并被成功运作、发展成为一种全新的出版形态，则源于中国社会科学院社会科学文献出版社。

❖ 皮书定义 ❖

皮书是对中国与世界发展状况和热点问题进行年度监测，以专业的角度、专家的视野和实证研究方法，针对某一领域或区域现状与发展态势展开分析和预测，具备原创性、实证性、专业性、连续性、前沿性、时效性等特点的公开出版物，由一系列权威研究报告组成。

❖ 皮书作者 ❖

皮书系列的作者以中国社会科学院、著名高校、地方社会科学院的研究人员为主，多为国内一流研究机构的权威专家学者，他们的看法和观点代表了学界对中国与世界的现实和未来最高水平的解读与分析。

❖ 皮书荣誉 ❖

皮书系列已成为社会科学文献出版社的著名图书品牌和中国社会科学院的知名学术品牌。2016年，皮书系列正式列入"十三五"国家重点出版规划项目；2013~2018年，重点皮书列入中国社会科学院承担的国家哲学社会科学创新工程项目；2018年，59种院外皮书使用"中国社会科学院创新工程学术出版项目"标识。

中国皮书网

（网址：www.pishu.cn）

发布皮书研创资讯，传播皮书精彩内容
引领皮书出版潮流，打造皮书服务平台

栏目设置

关于皮书：何谓皮书、皮书分类、皮书大事记、皮书荣誉、
　　　　　皮书出版第一人、皮书编辑部
最新资讯：通知公告、新闻动态、媒体聚焦、网站专题、视频直播、下载专区
皮书研创：皮书规范、皮书选题、皮书出版、皮书研究、研创团队
皮书评奖评价：指标体系、皮书评价、皮书评奖
互动专区：皮书说、社科数托邦、皮书微博、留言板

所获荣誉

2008 年、2011 年，中国皮书网均在全国新闻出版业网站荣誉评选中获得"最具商业价值网站"称号；

2012 年，获得"出版业网站百强"称号。

网库合一

2014 年，中国皮书网与皮书数据库端口合一，实现资源共享。

权威报告·一手数据·特色资源

皮书数据库
ANNUAL REPORT(YEARBOOK)
DATABASE

当代中国经济与社会发展高端智库平台

所获荣誉

- 2016年，入选"'十三五'国家重点电子出版物出版规划骨干工程"
- 2015年，荣获"搜索中国正能量 点赞2015""创新中国科技创新奖"
- 2013年，荣获"中国出版政府奖·网络出版物奖"提名奖
- 连续多年荣获中国数字出版博览会"数字出版·优秀品牌"奖

成为会员

通过网址www.pishu.com.cn访问皮书数据库网站或下载皮书数据库APP，进行手机号码验证或邮箱验证即可成为皮书数据库会员。

会员福利

- 使用手机号码首次注册的会员，账号自动充值100元体验金，可直接购买和查看数据库内容（仅限PC端）。
- 已注册用户购书后可免费获赠100元皮书数据库充值卡。刮开充值卡涂层获取充值密码，登录并进入"会员中心"—"在线充值"—"充值卡充值"，充值成功后即可购买和查看数据库内容（仅限PC端）。
- 会员福利最终解释权归社会科学文献出版社所有。

数据库服务热线：400-008-6695
数据库服务QQ：2475522410
数据库服务邮箱：database@ssap.cn
图书销售热线：010-59367070/7028
图书服务QQ：1265056568
图书服务邮箱：duzhe@ssap.cn

社会科学文献出版社 皮书系列
SOCIAL SCIENCES ACADEMIC PRESS (CHINA)

卡号：543173238863
密码：

S 基本子库
SUB DATABASE

中国社会发展数据库（下设 12 个子库）

全面整合国内外中国社会发展研究成果，汇聚独家统计数据、深度分析报告，涉及社会、人口、政治、教育、法律等 12 个领域，为了解中国社会发展动态、跟踪社会核心热点、分析社会发展趋势提供一站式资源搜索和数据分析与挖掘服务。

中国经济发展数据库（下设 12 个子库）

基于"皮书系列"中涉及中国经济发展的研究资料构建，内容涵盖宏观经济、农业经济、工业经济、产业经济等 12 个重点经济领域，为实时掌控经济运行态势、把握经济发展规律、洞察经济形势、进行经济决策提供参考和依据。

中国行业发展数据库（下设 17 个子库）

以中国国民经济行业分类为依据，覆盖金融业、旅游、医疗卫生、交通运输、能源矿产等 100 多个行业，跟踪分析国民经济相关行业市场运行状况和政策导向，汇集行业发展前沿资讯，为投资、从业及各种经济决策提供理论基础和实践指导。

中国区域发展数据库（下设 6 个子库）

对中国特定区域内的经济、社会、文化等领域现状与发展情况进行深度分析和预测，研究层级至县及县以下行政区，涉及地区、区域经济体、城市、农村等不同维度。为地方经济社会宏观态势研究、发展经验研究、案例分析提供数据服务。

中国文化传媒数据库（下设 18 个子库）

汇聚文化传媒领域专家观点、热点资讯，梳理国内外中国文化发展相关学术研究成果、一手统计数据，涵盖文化产业、新闻传播、电影娱乐、文学艺术、群众文化等 18 个重点研究领域。为文化传媒研究提供相关数据、研究报告和综合分析服务。

世界经济与国际关系数据库（下设 6 个子库）

立足"皮书系列"世界经济、国际关系相关学术资源，整合世界经济、国际政治、世界文化与科技、全球性问题、国际组织与国际法、区域研究 6 大领域研究成果，为世界经济与国际关系研究提供全方位数据分析，为决策和形势研判提供参考。

法律声明

"皮书系列"（含蓝皮书、绿皮书、黄皮书）之品牌由社会科学文献出版社最早使用并持续至今，现已被中国图书市场所熟知。"皮书系列"的相关商标已在中华人民共和国国家工商行政管理总局商标局注册，如LOGO（ ）、皮书、Pishu、经济蓝皮书、社会蓝皮书等。"皮书系列"图书的注册商标专用权及封面设计、版式设计的著作权均为社会科学文献出版社所有。未经社会科学文献出版社书面授权许可，任何使用与"皮书系列"图书注册商标、封面设计、版式设计相同或者近似的文字、图形或其组合的行为均系侵权行为。

经作者授权，本书的专有出版权及信息网络传播权等为社会科学文献出版社享有。未经社会科学文献出版社书面授权许可，任何就本书内容的复制、发行或以数字形式进行网络传播的行为均系侵权行为。

社会科学文献出版社将通过法律途径追究上述侵权行为的法律责任，维护自身合法权益。

欢迎社会各界人士对侵犯社会科学文献出版社上述权利的侵权行为进行举报。电话：010-59367121，电子邮箱：fawubu@ssap.cn。

社会科学文献出版社